KB236894

복원과 재현

복원과 재현 –역사와 현재의 만남–

초판 1쇄 발행 2012년 12월 20일

엮은이 ｜ 서울대학교 역사연구소
펴낸이 ｜ 윤관백
펴낸곳 ｜ 선인

등록 ｜ 제5-77호(1998.11.4)
주소 ｜ 서울시 마포구 마포동 324－1 곶마루 B/D 1층
전화 ｜ 02)718－6252/6257
팩스 ｜ 02)718－6253
E-mail ｜ sunin72@chol.com

정가 14,000원

ISBN   978-89-5933-591-6   93900

복원과 재현

역사와 현재의 만남

서울대학교 역사연구소 편

선인
도서출판

요즈음 전국 각처에서 유물·유적의 복원사업이 활발하게 진행되고 있다. 이들 사업은 흔히 관광 상품화를 목적으로 경제성과 행정적 편의에 따라 이루어지는 경우가 많고, 유물·유적 복원을 둘러싼 학문적 검토가 부재하거나 부족한 상태에서 이루어지는 경우가 허다하다. 그러나 유물·유적의 복원은 역사의 현재적 재현 수단이라는 측면에서 만만치 않은 학술적 과제를 제기한다. 복원 정책은 물론 복원의 방법론에서부터 복원을 둘러싼 역사 인식론의 문제까지 학계가 검토해야 할 과제는 한두 가지가 아니다.

최근 들어 역사 인식의 매체가 이전에 비해 훨씬 다양해졌다. 일반인의 경우 역사책보다는 영화, 사극, 사진, 그림 또는 문학 작품을 통해 역사를 이해하는 경우가 훨씬 더 많아졌다. 이러한 현상은 최근의 문화적 소비 형태를 감안한다면 불가피한 현상이라고 할 수 있으나 이 또한 고증 문제부터 시작하여 많은 인식론적 과제를 제기한다.

이 책은 우리 사회 또는 다른 사회에서 진행된 역사 복원·재현의 경험과 그 문제점을 짚어봄으로써 늦었지만 역사 복원·재현과 관련한 학술적·실천적 쟁점들을 점검하는 기회를 만들기 위해서 기획되었다. 복원·재현과 관련한 학계의 논의가 드물었던 만큼 문제의 소재를 밝히고 그 해결방향을 모색하는 데 일차적 목표를 두었고, 여섯 분의 연구자가 각자의 전공 시대와 분야에서 주제를 다루었다.

'복원'과 '재현'은 역사 연구와 교육에서 떼려야 뗄 수 없는 문제이지만 고고학 역시 복원·재현의 문제가 역사학 못지 않게, 아니 그 이상으로 중요하다. 고고학의 연구 대상 시기가 선사시대 이후로 꾸준히 확대되는 추세이지만 어쨌든 고고학은 문헌 자료보다는 유물·유적을 보다 중요한 분석 재료로 삼기 때문이다. 김종일의 「현재 속 과거 : 선사시대 주거지와 무덤의 복원과 문제점」은 고고학의 패러다임 속에서 유물·유적, 즉 물질문화의 복원과 재현이 인식론적으로 어떻게 이해되었는지를 학설사적으로 검토한 귀중한 연구이다. 또 이 글은 선사시대 유적·유물의 복원 문제를 이론적으로 살펴보았을 뿐만 아니라 복원과 재현, 전시의 실제를 국내·외 사례를 통해서 구체적으로 살펴보았다. 이러한 작업들을 통해 필자는 유적·유물의 복원을 통해 과거를 객관적으로 복원할 수 있다는 기존의 통념을 비판적으로 돌아보고, 또 이러한 통념에 비판적 안목을 제공한 후기과정 고고학이 맑시즘, 구조주의와 해석학, 그리고 현상학 이론을 물질문화에 대한 이해에 어떻게 적용했는지 구체적으로 살펴본다. 이 글은 물질문화의 이해를 통해서 고고학의 이론적 패러다임에 대한 인식론적 틀을 검토할 수 있는 소중한 기회를 제공한다.

김태웅의 「한국 근현대 역사사진의 정리 방향 : 국사개설서와 7차 교육과정 교과서를 중심으로」는 역사 연구와 교육에서 사진 활용의 실태를 한국사 개설서와 교과서 등 한국사 교재에 수록된 사진들을 분석하여 제시하였다. 필자는 이 글에서 한국사 교재에 수록된 사진의 전거가 매우 부실하고, 설명도 오류 투성이임을 낱낱이 밝혀낸 것은 물론 사료 비판이라는 측면에서 사진 자체의 조작과 이미지 왜곡도 예리하게 밝혀냈다. 또 이 글은 교과서의 사진 선정과 배치가 해당 사건에 대한 시각 이미지를 어떻게 좌우할 수 있는지 여러 가지 사례를 통해서 보여준다. 역사학계에서 역사 연구와 교육을 위한 사진 기록관(Archives)의 설치 필요성이 점차 고조되는 상황에서 사진 자료의 발굴과 수집은 물론 사진 족보의 정리와 체계화를 강조한 필자의 주장을 학계는 경청해야 할 것이다.

이인재의 「20세기 말~21세기 초 원주지방의 문화재 환수운동과 복원·재현사업」은 원주 지역이라는 지역사회의 문화재 복원과 재현 현황을 지켜보면서 문화재 복원·재현의 올바른 방향을 실천적, 이론적으로 검토한 글이다. 이 글은 역사학계의 문화재 보호를 위한 지나친 방어적 태도를 경계하면서 최근의 '재현품 복원' 열풍에 대응해서 유적·유물의 디지털 재현 기술이나 현품 재현 기술이 가진 학술적 의미를 적극적으로 평가할 필요성을 제기한다. 나아가 1994년부터 시작된 원주문화원과 국립중앙박물관 사이의 원주 지역 반출문화재 환수운동을 둘러싼 논란을 음미하면서 문화재의 '타국살이'와 '타향살이'를 진지하게 고민한다. 이 글은 유물·유적의 원소재지가 훼손되지 않았다면 출토지에 유물이 있는 것이 가장 자연스러울 것이라는 전제 하에 지역에서 발굴된 문화재들이 일차적으로 지역사 복원 자료가 되고, 이차적으로 국가사 정립에 활용되며, 넓게는 세계문화유산으로 보전될 수 있도록 지역소재 박물관과 중앙의 국립박물관 사이에 협력과 교류가 매우 중요하다고 주장한다. 이러한 주장은 필자의 현장 체험과 조사·연구 경험이 결합된 것으로서 그의 주장에 대한 찬부를 떠나 학계와 관련자들이 진지하게 검토할 필요가 있을 것이다.

서성호의 「국가사전시(國家史展示)의 구성 형태와 한국사전시 : 섹션 설정의 기준을 중심으로」는 세계 주요 박물관들의 국가사 전시 방식을 유형별로 고찰하여 그러한 유형 설정의 배경이나 효과를 분석한 뒤 그 유형들을 한국사 전시에 어떻게 적용할 수 있을지 검토했다. 필자는 먼저 세계 각국 역사박물관의 전시 유형을 국립미국역사박물관의 분야사 전시, 국립러시아역사박물관의 테마 망라적 통사 전시, 독일역사박물관의 체제별 통사 전시, 한국의 국립중앙박물관과 중국국가박물관의 왕조국가별 통사 전시, 국립대만역사박물관과 일본국립역사민속박물관의 생활·문화사 중심 테마별 통사전시 등으로 나누어 그 특색과 장·단점을 제시함으로써 국가사 전시의 다양한 유형을 한 눈에 볼 수 있게 해준다. 아울러 이 글은 그러한 각 유형이 한국사 전시에 유용할지 여부를 가늠해본다. 한국 국립박물관의 경우 민족정체성의 확인과 한국인으로서의 자긍심 함양이 전시개념의 중심에 있고, 이 때문에 왕조국가별 통사 전시 방식을 택하고 있지만 무엇보다 실물자료의 부재 내지 부족이 전시의 기본적인 제약 요인이 되고 있다. 필자는 상황이 그렇지만 한국의 국립박물관이 취하고 있는 전통적인 유물 연고 분류 관행을 지양하고 다양한 미술자료를 역사자료로 활용한다면 왕조별 구획을 기본으로 하되 한 왕조 내에서 테마별 전시나 생활·문화사 중심의 전시가 가능할 것이라는 실용적 제안을 빠트리지 않는다.

강태웅의 「영화를 통한 역사의 재현 : 1930~40년대 일본의 '역사영화' 제작운동을 중심으로」는 전시 일본의 대표적 역사영화로 간주되는 미조구치 겐지 감독의 영화 〈겐로쿠 츄신구라〉에 대한 분석을 통해서 이 시기의 이른바 영화를 통한 역사 재현이 고증을 통한 세트 제작, 복식, 연기, 대사 등을 통해 시대 모습을 재현하는데 치중했지만 정작 사실 전달에서는 의도적 왜곡을 간직했고, 이것이 주군에 대한 충성을 천황과 연결시키려는 시국에 맞는 왜곡이었다는 점을 지적한다. 감독인 미조구치 스스로 그 영화의 제작의의를 국가의 모습과 국가의 마음을 그려내는데 있다고 밝힌 것처럼, 역사영화가 역사의 정확한 재현을 내걸었지만 사실은 국가의 적극적 지원 아래 시국의 요구를 충족시키는 '국민영화' 역할을 했다는 것이다. 이 글은 전시 일본이라는 독특한 시대적 맥락에서 영화를 통한 역사 재현이 어떻게 일종의 선전 수단으로 기능했는가를 잘 보여준다.

이성재의 「19세기 프랑스의 사적 복원 : 비올레−르−뒥의 복원 이론을 중심으로』는 19세기 중엽 프랑스 사회에서 복원이 가진 사회적 함의와 복원의 실제 사례, 복원에 동원된 이론을 검토하였다. 왕정복고 후 19세기 중반 프랑스에서 일기 시작한 사적 복원 붐, 특히 중세 고딕 양식의 건축물 복원은 종교적 목표보다는 민족적 정체성 확립이라는 국가와 민족의 차원에서 이루어졌다. 당시 복원 사업의 대표적 사례였던 베즐레의 생 마들렌느 성당과 카르카손 요새를 복원한 비올레-르-뒥은 복원을 손상된 것을 보수하고 건축물의 붕괴를 방지하는 보강 차원이 아니라 새로운 것을 창조하는 완벽한 재건축으로 이해했고, 그러한 생각을 복원 사업에서 관철시켰다. 하지만 그의 복구 이론은 건축물을 원형으로 되돌리는 일반적인 복원의 개념과 다르다는 점에서 비난의 원인이 되었고, 논란을 불러일으켰다. 필자는 복원은 현재성을 가질 수밖에 없으며, 그렇기 때문에 당시의 역사적 해석이 가미될 수밖에 없다는 비올레-르-뒥의 주장은 옛 상태로의 회귀라는 엄밀한 의미에서의 복원과 거리가 있지만 계몽주의 사상의 확산과 과학지식의 축적이라는 시대적인 사조 변화를 반영했고, 또 그의 복원 이론이 현재의 관점에서 과거 건축물이 변형될 수 있다는 가능성을 인정함으로써 어찌 보면 현재와 과거의 소통을 가능케 했음을 지적한다.

위에서 소개한 여섯 편의 글은 이론적 쟁점부터 실무적 경험을 정리한 사례 검토까지 복원·재현 문제와 관련한 다양한 영역과 주제를 다루었다. 공간적으로는 한국의 사례와 일본, 프랑스 등 동·서양의 사례에 이르기까지, 시기적으로는 선사시대의 경관 고고학에서부터 근대 사진에 이르기까지, 분석 소재의 측면에서는 무덤과 주거지부터 박물관 전시, 사진, 영화, 건축에 이르기까지 해당 분야에서 필자들이 축적한 오랜 연구 경험과 현장 경험이 이 여섯 편의 글에 고스란히 녹아 있다. 역사의 복원·재현을 둘러싼 학계의 논의가 거의 부재한 상태에서 이 책에 수록한 여섯 편의 글은 이 주제와 관련한 학문적 논의의 기초를 다지는 데 디딤돌 역할을 할 수 있을 것이고, 또 복원·재현을 둘러싼 실천적 문제들을 해결하는 데에도 일정한 도움을 줄 수 있을 것이다.

이 책에 실린 여섯 편의 글이 학계에 처음 소개된 것은 2009년 늦가을이었다. 서울대학교 역사연구소는 2009년 11월 13일 이 책의 제목이 된 "복원과 재현 – 역사와 현재의 만남"이라는 주제로 제3차 국내 학술대회를 개최했다. 그 학술대회에서는 총 7편의 글이 발표되었고, 많은 연구자들이 참여하여 열띤 토론을 벌였다. 이미 오래 전에 발표와 토론을 거쳤음에도 원고 수합이 지지부진해지고, 예상과 달리 발표에서 출간에 이르는 기간이 너무 길어져서 본의 아니게 일부 필자들의 옥고를 장기간 묵힌 셈이 되었다. 필자들에게 거듭 죄송한 마음을 전하고, 아울러 너그러운 이해를 바랄 뿐이다.

이 책이 출간되기까지 많은 분들의 격려와 지원이 있었다. 우선 서울대 역사연구소의 전임 소장이신 배영수 교수님과 현임 소장이신 노명호 교수님은 이 책의 기획부터 발간에 이르기까지 지원을 아끼지 않으셨다. 학술대회에서 토론을 맡아주신 김재홍, 목수현, 이남규, 주경철 교수님께 늦었지만 다시 한 번 감사 인사를 전하고 싶다. 어려운 출판 사정에도 불구하고 기꺼이 출판을 맡아준 도서출판 선인의 윤관백 사장님과 깔끔한 편집으로 마무리를 도와준 편집부 여러분들에게 감사드린다. 바쁜 시간을 쪼개서 옥고를 다듬어준 필자 여러분들에게 다시 한 번 깊이 감사드린다.

2012년 4월
때늦은 화신(花信)으로 온 교정이 화사한 관악에서
정 용 욱

이인재 20세기 말~21세기 초 원주지방의 문화재 환수운동과
복원 · 재현사업

서성호 국가사전시(國家史展示)의 구성 형태와 한국사전시
섹션 설정의 기준을 중심으로

강태웅 / 영화를 통한 역사의 재현
1930~40년대 일본의 '역사영화' 제작운동을 중심으로

이성재 / 19세기 프랑스의 사적 복원
비올레-르-뒥의 복원 이론을 중심으로

현재 속 과거

선사시대 주거지와 무덤의 복원과 문제점

김종일

서울대 고고미술사학과

1. 머리말

고고학의 연구목적, 그리고 학문적 행위의 목표와 관련하여 일반적으로 받아들여지고 있는 언명 중의 하나는 고고학 자료를 통한 소위 '과거'의 '복원'일 것이다. 이러한 언명은 학생들과 일반인, 그리고 아마추어 고고학자들과 고고학 전문가에 이르기까지 적어도 국내에서는 대다수의 사람들에게 별다른 의심 없이 받아들여지고 있다. 이러한 언명은 다음과 같은 몇 가지 가정을 암묵적으로 전제하고 있는 것으로 생각된다.

첫째, 과거(혹은 과거의 사실)는 그 자체로 이미 객관적으로 존재하고 있다. 둘째, 따라서 그러한 과거는 적절한 자료와 방법론에 의해 있었던 그대로 복원될 수 있다. 셋째, 그러한 과거, 특히 문자기록이 없거나 부족한 선사시대의 복원은 유물·유적의 연구를 통해 객관적으로 가능하다. 넷째, 유적·유물은 과거를 그대로 반영하고 있으므로 유적·유물의 복원은 바로 과거의 복원으로 이어질 수 있다는 점 등이 바로 그것이다. 이러한 암묵적인 전제들, 그리고 이러한 전제들 아래에서 이루어지고 있는 다양한 고고학적 행위나 실천들, 즉 고고학 발굴이나 연구, 유적·유물의 복원과 전시, 그리고 과거 문화 유산의 보존과 관리 등을 포함하여 과거의 유적·유물의 연구와 관련한 다양한 학문적 또는 사회적 행위들에 많은 영향을 끼치고 있다. 이러한 암묵적 전제들은 그 자체 하나하나가 검토의 대상이기도 하지만 이러한 암묵적 전제에 기반하여 이루어지고 있는 여러 고고학적 혹은 사회적 행위들 또한 비판적으로 검토해 볼 문제이기도 하다.

따라서 이 글에서는 이러한 암묵적 전제들과 함께 이루어지고 있는 다양한 고고학적 행위들을 최근에 이루어지고 있는 고고학 이론과 실천에 대한 다양한 논의들의 바탕 위에서 비판적으로 검토해 보고자 한다. 그러나 이 글에서 다루어질 비판적 검토는 위에서 언급한 전제들과 고고학적 또는 사회적 실천들을 모두 포괄하지는 않는다. 왜냐하면 각각의 전제들과 실천들을 검토하기 위해서는 다양한 층위에서 엄청난 양의 이론적 검토와 논의가 필요하기 때문이다. 실제로 이러한 주제들에 대한 시각의 차이가 고고학 내에서 바로 60년대 초까지의 문화사 고고학에서 60년대와 70년대의 과정 고고학 그리고 80년대의 후기과정 고고학으로 이어지는 고고학적 패러다임의 변화를 낳았다고 볼 수 있다. 다시 말해서 이러한 검토와 논의는 근현대 고고학사 전체에 대한 검토를 요구한다고 할 수 있다.

따라서 이 글에서는 주로 과거의 문화유산, 그중에서도 주거지와 무덤의 보존과 복원과 관련한 사례들을 중심으로 앞서 언급한 암묵적 전제가 과연 타당한 것인지를 살펴보고자 한다. 한편 이 글에서 제시될 사례들은 주로 선사시대에 한정하고자 한다. 뒤에서 보다 자세히 언급하겠지만 물질문화의 연구와 '복원'에 문헌자료나 그림자료 등의 도움을 받을 수 있는 경우, 이론이나 방법론의 차원에서 전혀 다르게 접근할 필요가 있기 때문이다. 이와 아울러 유적·유물의 보존과 복원에 관련된 사례는 국내의 사례에 한정하지 않고 경우에 따라 유럽이나 미국의 사례를 이용하고자 한다. 이는 지역이나 시기에 구애 받지 않고 이 글에서 비판적으로 검토하고자 하는 전제들이나 고고학 혹은 사회적 행위들을 가장 극명하게 보여 줄 수 있는 사례를 선택할 필요가 있기 때문이다.

2. 고고학 유적·유물에 대한 최근의 이론적 논의[1]

과거 사회의 유물을 수집하는 소위 '호고주의(Antiqurianism)'적 경향은 18세기 이전 이미 유럽에 널리 확산되고 있었다.[2] 이러한 호고주의적 경향에서는 대체로 과거의 유물이 권력과 부의 정당성을 합리화하기 위한 수단이거나 아니면 감상의 대상으로 여겨졌을 뿐 그러한 유물을 통해 그것을 만들고 사용하고 폐기했을 사람들의 모습을 추정할 수 있는 근거로 사용되지는 못하였다. 다시 말해서 근대적 의미의 고고학의 시작은 물질자료를 통해 먼 과거의 역사를 추정할 수 있다는 인식이 확산되고 나서부터이다. 이러한 인식의 변화는 무엇보다도 성경에서 이야기하고 있는 과거보다 훨씬 이전의 세계가 있다는 인식과 과거의 유물이 그러한 먼 과거의 모습을 알려줄 수 있다는 사실, 그리고 그러한 유물을 통한 먼 과

---

[1] 2장에 제시된 내용은 필자의 논문 2004 「고고학의 철학적 토대」 『한국고고학보』 52, 5~33쪽과 2006 「경관고고학의 이론적 특징과 적용가능성」 『한국고고학보』 58, 110~145쪽, 그리고 2008 「물질문화의 고고학적 이해와 미술사」 『미술사와 시각문화』 7, 88~109쪽 등에서 이미 제시된 내용 중의 일부를 부분적으로 발췌하여 수정·요약했음을 밝혀둔다.

[2] Bruce Trigger, *A History of Archaeological thought*, Cambridge: Cambridge University Press, 1989, pp. 27~72

거의 해석은 현재 민족지적 자료에 대한 유추를 통해 가능할 수 있다는 가능성의 확인에서 비롯한 것이었다. 이러한 인식의 변화는 당시 유행하고 있던 계몽주의 시대 이래 유럽의 각지에서 민족주의적 경향과 함께 자국의 역사를 복원하기 위해 과거 사회의 유물을 체계적으로 수집하는 작업을 가능케 하였다.[3]

이러한 사실은 18세기 이래 당시 유행하고 있던 민족주의의 등장과 함께 각 민족국가 단위로 과거의 물질자료를 수집하려는 강한 욕구 속에서 이렇게 수집된 자료를 당시에 성장하고 있었던 중산 계층으로 대표되는 국민 또는 시민들에게 보여 줄 필요가 있었던 북유럽의 경우에서 잘 확인된다. 특히 덴마크의 톰센 등은 박물관의 전시를 위해 당시까지 수집된 각종 석기, 청동기, 철기 유물들을 외부의 형태적 속성, 즉 형식을 기준으로 일정한 편년체계에 따라 분류할 필요가 있었고 여기에는 린네 등에 의해 체계화된 식물 분류체계의 분류 방식이 직간접적으로 영향을 끼친 것으로 판단된다.[4] 이러한 유물의 분류방식, 즉 소위 형식분류(typology)는 이후 몬텔리우스와[5] 고든 차일드에[6] 의해 유물 출토의 공반 관계에 대한 강조와 함께 보다 체계적으로 발전되었다. 그러나 보다 중요한 것은 유물의 수집과 형식분류 그리고 그에 기반한 편년작업이 특정한 목적, 즉 한 지역의 고고학적 문화의 편년적 체계를 수립하거나 특정한 민족이나 종족집단의 기원이나 확산, 그리고 분포를 찾기 위한 방법으로 주로

---

[3] Bruce Trigger, *Ibid.*, p. 71

[4] Bo Gräslund, *The Birth of Prehistoric Chronology*, Cambridge: Cambridge University Press, 1987, pp. 13~30 ; 김종일, 2008 「고고학적 범주화의 철학적 탐구」 『고고학』 7-1, 57~59쪽

[5] Oscar Montelius, *Die typologische Methode. Die ältere kulturperioden im Orient und in Europa I*, Stockholm, 1903

[6] V. Gordon Childe, *Piecing together*, London: Routledge, 1956

사용되었다는 점이다.[7)]

이렇듯 고고학 자료, 즉 물질문화를 바탕으로 다양한 형태의 사회적 경계를 찾고 이해하려는 작업은 현재까지 고고학자들이 계속적으로 추구하는 기본적 연구 목표가 되어왔다. 즉 이러한 사회적 경계를 짓는 작업은 원래 문화라고[8)] 불리는 고고학적 단위를 경계짓는 것과 그러한 문화들 간의 상호교류, 시간에 따른 문화의 변화 등을 포함한 일련의 역사를 복원하는 일과 직접적으로 관련이 있다. 그렇게 본다면 유럽 대륙에서 고고학이 역사(특히 민족사)의 확장으로 인식되어왔고 고고학이 민족의 기원이나 민족 문화를 밝혀주는 작업으로서 고고학이 연구대상으로 삼고 있는 고고학적 물질문화가 민족의 기원과 형성에 자연스럽게 연결되어 왔다는 점은 이러한 맥락에서 쉽게 이해될 수 있다.

유럽의 초기 문화사 고고학이 아직까지 별다른 비판 없이 고고학의 중요 패러다임으로 받아들여지고 있는 중국과 일본 그리고 한국을 포함한 동아시아에서, 고고학이 다분히 민족주의적 경향을 띠게 되는 것은 이러한 맥락에서 이해가 가능하다. 비록 각 나라마다 처한 상황은 다르지만 적어도 유적과 유물의 복원과 전시 등을 포함한 물질 문화의 연구가 민족주의의 토대 위에서 무비판적으로 진행되고 있다는 점은 이러한 문화사 고고학의 기본적 성격과 불가분의 관계에 있다고 할 수 있다.

문화사적 고고학에 비해 60년대 등장한 신고고학은 전혀 다른 방식으로 고고학적 물질문화를 이해하고 있다. 즉 이들은 기본적으로 문화를

[7)] Siân Jones, *Archaeology of Ethnicity*, London: Routledge, 1997, pp. 15~39

[8)] 여기에서 문화란 물질문화에 기반한 '고고학적' 문화를 의미한다. 특히 고고학에서 일반적으로 정의되는 문화는 특정한 형식(type)을 가진 유물들이 모여 유물복합체를 만들고 다시 이 유물복합체가 시간적으로 그리고 공간적으로 반복해서 나타날 때 그러한 유물복합체들의 집합을 문화로 설정하게 된다(Gordon Childe, *op. cit.*, p. 16).

환경에 대한 신체외적 적응체계로 보고 과거 사회의 물질문화를 과거의 사회구조와 인간의 행동이 반영된 기록으로 파악한다. 따라서 이러한 물질문화를 가설영역적 방법이나 체계이론 등의 특정한 방법론과 절차에 따라 연구하면, 과거 사회 인간들의 행동과 전체적인 문화과정, 다시 말해서 환경에 대한 적응과정을 체계적으로 설명할 수 있다고 한다.[9] 특히 이들은 궁극적으로 모든 경우에 적용할 수 있는 보편적 가설이나 포괄적 법칙을 일반화를 통해 세워나가는 것을 목표로 한다.[10] 이러한 신고고학의 이론과 방법론은 종래 문화사 고고학이 갖지 못하였던 연구 목적과 방법론적 절차에 대한 체계적 인식과 물질문화를 통해 과거의 인간행위와 사회조직 그리고 환경에 대한 적응 체계를 인과관계에 따라 복원 내지 설명할 수 있다고 믿는 낙관적인 태도를 전제로 하고 있다. 이러한 낙관적인 태도는 앞서 언급한 유적·유물의 복원과 관련하여 제시된 네 가지 전제, 즉 객관화되고 타자화된 과거와 적절한 방법과 절차를 통한 과거의 복원 가능성, 과거의 반영물로서 유적과 유물의 존재와 이들의 연구를 통한 과거의 복원, 그리고 유적·유물의 복원은 과거의 복원과 직접적으로 관련이 있다는 입장이 등장하게 되는 이론적 배경으로 생각된다. 또한 유적·유물의 복원을 가능케 하는 실제적 방법론인 실험 고고학과 민족지 고고학의 등장은 이러한 신고고학의 입장과 긴밀한 관련이

---

9) 이러한 체계이론과 가설연역적 방법론을 포함한 신고고학의 연구방법론은 다음의 두 책에 잘 정리 소개되어있다. Lewis Binford, *An archaeological perspective*, New York: Seminar Press, 1972 ; Patty Jo Watson, Steven A. Leblanc and Charles L. Redman, *Explanation in Archaeology*, New York: Columbia University Press, 1971

10) 1970년대 초반 이후의 신고고학에서는 실제로 고고학 자료를 통해 이러한 목표를 실현하는 것이 매우 어렵다는 자각과 함께 고고학 추론의 근거를 좀더 명확히 하기 위해 민족지 고고학의 중요성이 강조되고 중간범위이론(middle range theory) 등이 제시되기도 한다. 이 이론에서는 현재의 민족지 자료를 통해 얻은 인간의 행위와 물질문화간의 관계에 대한 우리의 지식을 과거의 유적유물과 그것을 제작, 사용, 폐기했던 사람들과의 관계에 적용하려고 시도한다.

있다.

　이러한 신고고학적 접근은 다음과 같은 인식론 및 방법론적 한계를 갖고 있다.[11] 첫째, 이들에게 있어서 물질문화(그리고 이를 통해 '복원'되거나 '설명'되는 과거 역시)는 단순히 인간의 행위 패턴을 반영하는 기록물인 동시에 자연과학의 연구대상처럼 객관화되고 타자화된 대상으로 여겨지게 된다. 둘째, 이들이 기반하고 있는 가설연역적 방법의 최종 목적이 가설의 체계적 검증을 통해 그 가설을 일반적 법칙이나 보편적 원칙으로 만들고 따라서 이후 고고학 연구가 물질문화를 이러한 일반적 법칙과 보편적 원칙에 따라 설명하는 것이라면, 실제 이들이 할 수 있는 작업은 '인과관계'에 입각한 일부 소수의 작업가설이 제한된 범위의 고고학적 자료에 적용될 수 있다는 점을 보여주는 것에 그치게 된다. 즉, 유적·유물이 갖고 있는 다양하고 풍부한 의미에 대해서 이해하거나 해석할 수 있는 가능성을 근본적으로 제공하지 못한다. 셋째, 유적·유물을 단지 수동적인 반영물, 즉 과거의 단순한 기록으로만 본다면 유적·유물, 그리고 이와 관련한 개인과 공동체의 능동적이고 역동적인 역할을 주목하지 못하게 된다. 이외에도 이들이 주장하고 있는 체계이론은 문화전체를 정치, 경제, 물질문화 등의 하위체계로 구분하고 이들 하위체계가 서로 유기적으로 연동되어 있다고 본다. 이러한 체계는 외부 환경의 변화에 의해 전체체계가 안정화되는 방향으로 유지된다는 점을 강조하고 있다. 문제는 문화전체가 몇 개의 하위체계로 쉽게 구분될 수 없다는 점과 체계의 변화는 단순히 외부 환경의 변화뿐만 아니라 내부의 모순에 의해서도 가능하다는 점 등을

---

11) 신고고학의 방법론에 대한 비판은 다음과 같은 글에 잘 소개되어 있다. Ian Hodder, *Reading the past*, 2nd edition, Cambridge: Cambridge University Press, 1991 ; Mathew Johnson, *Archaeological Theory*, Oxford: Archaeological Theory, 1999 ; 김종일, 2004 「고고학의 철학적 토대」『한국고고학보』 52

고려할 필요가 있다는 것이다.

신고고학이 갖고 있는 이러한 문제는 80년대 이후 등장한 후기과정 고고학에[12] 의해 본격적으로 비판되며 동시에 여러 대안들이 제시된다.[13] 이들은 물질문화는 단순히 과거 사회의 반영물이 아니라 능동적으로 역할을 하면서 인간의 사회적 행위를 매개하거나 가능케 하는 조건이자 매개물이라고 주장한다. 따라서 이러한 물질문화는 인간의 사회적 행위에 의해 의미 있게 구성되는 동시에 개인과 공동체를 구성하는 주요한 수단이 된다. 이들은 또한 기존의 과정 고고학이 소홀히 했던 개인의 역할에 대한 강조와 물질문화의 의미에 대한 해석, 즉 상징(symbol)과 기호(sign)에 대한 연구, 해석의 상대적 가치와 다양함에 대한 존중, 그리고 고고학 또는 물질문화의 사회적 역할(예를 들어 젠더 문제, 박물관학, 관광산업, 영상과 소설 등)에도 많은 관심을 쏟고 있다.

이러한 물질문화에 대한 후기과정 고고학의 입장은 주위 인접학문의 다양한 연구 성과를 반영하는 것에 의해 가능한 것이었는데 예를 들어 후기과정 고고학의 성립 초기는 주로 마르크시즘(예를 들어, 구조주의 마르크시즘과 그람시)과[14] 구조주의(특히, 소쉬르와 바르뜨 등)[15] 등이 논의되었다. 80년

---

12) 앞서 언급한 바와 같이 신고고학에서는 그 추종자들이 비교적 동일하고 합의된 연구 목표와 방법론을 공유하고 있었던 반면 후기과정 고고학에서는 여기에서 제시되는 일반적 원칙 외에 대해 대체로 동의하는 것 외에 후술할 다양한 이론적 시각과 접근방식을 채택하고 있다. 따라서 후기과정 고고학의 이론적 방법론적 범위를 설정하여 그 공통점에 논하는 것은 거의 불가능하다고 할 수 있다.

13) 후기과정고고학의 기본적인 방법론에 대한 소개는 Ian Hodder, *op. cit.*, 1991와 Michael Shanks and Christopher Tilley, *Reconstructing Archaeology*, Cambridge: Cambridge University Press, 1987a와 *Social Theory and Archaeology*, Cambridge: Polity, 1987b, 그리고 김종일, 2004 앞의 논문 등에 잘 소개 되어 있다.

14) 가장 설득력 있는 해석을 제시한 연구 중의 하나로 Michael Shanks and Christopher Tilley, "Ideology, symbolic power and ritual communication: a reinterpretation of Neolithic mortuary practice", in Ian Hodder(ed.), *Symbolic and Structural Archaeology*, Cambridge: Cambridge University Press, 1982, pp. 129~154 등을 들 수 있다.

대 초반부터는 기든스와 부르디외의 구조화 이론과 실천이론,16) 푸코와 라깡 등의 권력과 정체성, 그리고 인간주체의 문제가17) 주목을 받았다. 90년대 이후 최근까지 경관 고고학(landscape archaeology)의 등장과 함께 하이데거와 메를로-퐁티의 현상학과18) 리쾨르의 해석학19) 등의 연구 성과가 집중적으로 논의되고 있다. 이러한 후기 과정 고고학의 다양한 접근과 시각은 앞서 언급한 바와 같이 종래 신고고학에서 주목하지 못했던 여러 가지 문제점들을 제기할 수 있는 계기와 단서를 제공하였다. 여기에서는 이러한 다양한 분야의 접근에 대한 이론적 특징을 일일이 소개하는 대신 이 가운데에서 이 글의 주요 주제인 유적·유물의 복원과 전시 혹은 재현과 관련하여 몇 가지만을 주로 논의해 보도록 하겠다.

먼저 마르크시즘에 대해 살펴보면 고고학에서 마르크시즘에 대한 인

---

15) 구조주의나 후기 구조주의의 시각을 고고학적 해석에 적용한 연구성과는 1980년대 후반부터 서서히 등장하여 1990년대에 들어와 본격적으로 양산되기 시작하였다. 이 중에서도 구조주의의 양측적 대립(binary opposition)의 개념을 이용하여 유럽 신석기 시대 농업의 확산과정을 설명한 Ian Hodder, *The domestication of Europe*, Oxford: Blackwell, 1990이나 물질문화의 텍스트적 성격에 대해 구조주의적 관점에 대해서 논한 Christopher Tilley, *Metaphor and Material Culture*, Oxford: Blackwell, 1999 등을 주목할 수 있다.

16) John Barret, *Fragments from antiquity*, Oxford: Blackwell, 1994가 대표적인 연구사례이다.

17) 푸코의 이론을 소개하고 고고학적으로 적용하려고 시도한 연구로 Christopher Tilley, 'Michel Foucault: Towards Archaeology of Archaeology', in Christopher Tilley (ed.), *Reading Material Culture*, Oxford: Blackwell, 1990 pp. 281~347을 들 수 있다. 라깡의 이론은 Michael Shanks and Christopher Tilley, *op. cit.*, 1987b, pp. 63~68에서 간략히 소개된 바 있다.

18) 이와 관련한 대표적인 연구로 Julian Thomas, *Time, Culture & Identity*, London: Routledge, 1996과 Christopher Tilley, *A Phenomenology of Landscape*, Oxford: Berg, 1994, 그리고 Tim Ingold, *The perception of the environment*, London: Routledge, 2000 등을 들 수 있다.

19) Ian Hodder, *Theory and Practice in Archaeology*, London: Routledge, 1992, pp. 213~240 참조.

식은 문화사 고고학의 대표적 연구자인 고든 차일드와[20] 신고고학의 이론적 기반을 제공한 신진화론자들에[21] 의해 이미 이루어진 바 있었다. 한편 후기과정 고고학자들은 대체로 두 가지 측면에서 마르크시즘에 의지하고 있는데 첫째로는 신고고학의 주요 방법론인 체계이론을 비판하면서 내부모순에 의해, 그리고 그러한 내부모순을 자각하거나 담지하고 있는 개인주체들에 의해 사회의 변화가 가능하다는 인식을 하게 된다. 둘째, 물질문화의 역할에 대한 해석과 관련하여 물질문화가 기존 사회의 모순을 은폐하거나 또는 권력관계를 정당화 내지 합법화하는데 사용될 수 있다는 점에 주목하게 된다. 특히 후자의 경우, 이데올로기와 헤게모니의 역할을 과거의 물질문화의 역할뿐만 아니라 그러한 물질문화의 현재적 해석에도 확장하여 적용함으로써 해석 행위가 갖고 있는 다양한 사회 정치적 의미에 주목할 수 있도록 한다. 이러한 사회 정치적 의미는 과연 고고학자들이 과거를 해석할 때 어떠한 시선(계급과 젠더의 시각에서)을 대변하는가 즉, 고고학자들이 복원, 설명 혹은 해석하는 과거는 다양한 방식으로 기존의 권력과 헤게모니를 정당화하지 않는가 등의 문제를 포함

20) 고든 차일드는 비록 사적 유물론의 도식화된 목적론적 역사관을 받아들이지는 않았지만 기술의 발전이 신석기 혁명이나 도시혁명과 같은 사회적 변화의 가장 중요한 원인으로 확신하고 있었으며 따라서 이러한 농업이나 금속기의 사용으로 대표되는 기술의 확산이 중근동 지역으로부터 유럽으로 확산되어 가면서 유럽의 초기 문명이 형성된 것으로 파악한 것은 주지의 사실이다. 또한 그가 마르크스의 유명한 저작인 『루이 보나빠르트의 브뤼메르 18일』에 나오는 유명한 구절, "인간은 자기역사를 만든다, 그러나 자기가 원하는 대로, 자기가 선택한 상황 아래에서 만드는 것이 아니라 이미 존재하고, 주어지고 과거로부터 전해진 환경아래에서 만들 따름이다"에서 그의 주요저작 중의 하나인 인간은 스스로를 만든다(Man makes himself)의 제목을 따온 것도 이러한 마르크스의 영향을 짐작케 해준다.

21) 실제로 신고고학의 형성에 지대한 영향을 끼친 신화론자 화이트(L. White)가 모오건과 마르크스의 지대한 영향을 받았음은 널리 알려져 있으며 따라서 그의 제자 중 한 명인 서비스(E. Service)가 군집－부족－군장사회－국가의 사회발전단계를 제시한 것은 우연이 아니다(Alice Beck Kehoe, *The Land of Prehistory*, London: Routledge, 1998, pp. 122~123 참조).

한다. 이러한 측면에서 본다면 앞서 언급한 소위 객관적 과거의 복원은 가능한 것인가 그리고 체계이론에서 볼 수 있는 바와 같이 과연 그러한 과거의 설명과 복원에 사용되는 '적절한' 절차와 방법론은 존재하는 것인가 등의 문제뿐만 아니라 그러한 설명과 해석, 그리고 복원과 관련하여 은밀하게 또는 은폐되어 작동하는 다양한 시선과 그 안에 담긴 권력관계를 주목할 수 있도록 한다.

구조주의 고고학의 경우, 언어를 하나의 기호 체계(sign system)로 보고 기표와 기의로 나눈 다음 양자의 관계가 임의적이며 하나의 기호는 양측적 대립(binary opposition)으로 대표되는 차이에 의해 구분되며 그것의 의미와 가치는 그것이 아닌 것에 의해, 그리고 다른 것과의 상대적인 비교에 의해 결정되고 또한 기호들은 일종의 환유적 연쇄(metonymic chain)를 형성한다는 견해를 받아들여 물질문화도 물질(예를 들어 토기)로 대표되는 기표와 그것의 용도(토기의 경우, 요리 또는 저장)로 파악되는 기의로 나뉜다고 한다. 그러한 물질 또는 그것에 의해 가리켜지는 의미들(그리고 그것의 가치)은 양측적 대립과 상대적인 비교에 의해 결정되며 이 또한 일종의 연쇄를 형성한다고 한다.[22] 즉 물질문화를 상징과 기호체계로 파악할 수 있다는 것이다. 이러한 구조주의적 접근은 물질문화의 의미에 대한 본격적인 이

	기표	기의	지시대상
언어	토기(음성 혹은 단어)	개념[ ]	
물질문화		[조리]개념	조리

〈그림 1〉 언어와 물질문화의 기호 (Hodder, 1992. p.201에서 취함)

22) 김종일, 2004 앞의 논문, 19~22쪽

해의 틀과 종래 고고학에서 단순히 분석의 단위로만 인식되어 온 유물복합체 또는 유물의 공반 관계를 환유적 연쇄로 새롭게 조망할 수 있는 중요한 근거를 제공한다.[23] 물론 이러한 구조주의적 접근은 많은 문제점들을 안고 있다. 예를 들어 기본적으로 기표와 기의의 임의적 관계로 대표되는 언어와는 달리 물질문화에서는 기표와 기의가 비임의적일 수 있다. 따라서 끊임없이 기표와 기의가 미끄러지는 관계나 기의는 사라지고 기표만 남는 경우를 상정하기는 쉽지 않다는 문제점이 있다. 그리고 과연 양측적 대립에 의해 유물과 유적의 의미를 해석할 경우, 해석의 다양성과 임의성(또는 애매모호함)이 자칫 사상될 가능성도 있다는 점도 지적될 수 있다.[24] 하지만 적어도 물질문화의 의미를 텍스트의 경우와 같이 맥락 안에서 해석할 수 있다는 점, 즉 맥락의 중요성을 강조했다는 점에서 이러한 구조주의적 접근은 나름의 역할과 기여를 했다고 생각된다. 이러한 구조주의적 접근은, 유적·유물의 의미에 대한 해석이 단순한 형태의 복원을 통해서 가능한 것이 아니라 그러한 유적·유물을 둘러싸고 있는 맥락의 파악과 함께 유적·유물을 과거의 맥락 안에 위치 지움으로써 가능하다는 점을 우리에게 말해준다. 또한 과거의 유적·유물이 현재의 맥락 안에서 위치 지워짐으로써 일어나는 의미의 변화에 대해서도 주목할 수 있도록 한다.

현상학 또한 하이데거의 이론을 통해서 물질문화의 이해에 많은 기여

------

23) 김종일, 2008 앞의 논문, 60~61쪽

24) 과거의 유적 유물이 실제 생활에서 사용되었을 맥락, 즉 그러한 유적 유물의 도구성이 강조되는 맥락에서는 임의성을 상정하기가 쉽지 않을 뿐만 아니라 설사 있다 하더라도 그것이 가질 수 있는 의미의 폭은 원래의 기능 등에 의해 크게 제약될 것이다. 다만 본래의 맥락이 아닌 다른 맥락, 예를 들어 박물관 등을 포함한 현재의 맥락에서 그러한 유물 유적의 의미와 기능이 재구성되거나 재해석이 될 때 기표와 기의 사이의 임의적 관계가 형성될 수 있을 것이다.

를 하였다. 주지하다시피 하이데거는 목수와 망치의 예에서[25] 일상생활에서 물질의 현존재(the Being)가 현존의 존재(presence-at-hand)가 아닌 도구의 존재(ready-to-hand)와 위하여 연관(in-order-to)에 의해 파악될 수 있다고 주장하였다. 이는 우리의 일상생활에서 물질문화를 어떻게 이해할 수 있는지 그리고 그것의 철학적 기반은 무엇인지를 잘 보여주고 있다. 이와 함께 90년대에 들어와 경관 연구가 고고학 연구의 중요한 부분을 차지하면서 후설과 메를로-퐁티의 현상학이 재조명 받기 시작하였다.[26] 다시 말해서 우리가 경관을 인식하는 과정에서 '현상학적 환원'과 '지향성', 그리고 '본질 직관'을 통해 대상을 인식하거나 심지어 구성할 수 있고 그렇게 인식되거나 구성된 대상은 '상호주관성'에 의해 개인의 주관적 세계를 떠나 사회적으로 인정될 수 있다고 주장한다. 이러한 주장은 구조주의와는 또 다른 차원에서 경관, 그리고 그러한 경관의 주요부분을 형성하는 물질문화의 이해를 새로운 차원에서 가능케 한다.

더욱이 경관이 단순히 하나의 고정된 점에서 정지화상이나 사진처럼 인식되는 것이 아니라 몸의 움직임을 통해 일종의 동영상처럼 경험되고 인식되며 그리고 기억되는 것을 생각해보면 이러한 현상학적 접근 방식은 경관 고고학적 입장에서 매우 중요한 의미를 갖고 있다.[27] 다만 기존의 현상학적 입장이 '상호주관성'을 전제로 한다고 하더라도 여전히 개인의 주관적 영역에 머무를 수 있다는 점과 기존의 현상학적 고고학의 연

---

[25] 목수가 못을 박을 때 매번 망치의 용도와 기능을 생각하지 않고 자연스럽게 망치를 사용하는 경우를 의미한다(Heidegger, *Being and Time*, Oxford: Blackwell, 1976, pp. 95~101).

[26] 최근에 후설 현상학의 주요개념에 대한 개설적 소개서가 출간된 바 있으며 여기에 소개된 내용을 이 책의 내용을 주로 참조하였다(이남인, 2004 『현상학과 해석학』, 서울대학교 출판부).

[27] 김종일, 2006 「경관고고학의 이론적 특징과 적용가능성」『한국고고학보』 58, 125~130쪽

구가 초기 후설의 현상학적 초월론적 인식론의 틀 안을 벗어나고 있지 못하다는 점은 반성의 여지가 있다.

그럼에도 불구하고 이러한 현상학적 접근은 경관의 경험, 즉 경관을 구성하는 유적·유물에 대한 과거 사람들에 대한 경험뿐만 아니라 그러한 유적·유물의 현재적 경험을 전혀 다른 차원에서 이해할 수 있게 한다는 점에서 매우 중요하다고 할 수 있다. 다시 말해서 복원과 전시 그리고 재현된 유적·유물에 대한 경험은 단순히 과거 경관의 경험을 의미할 뿐만 아니라 현재의 경험을 의미한다는 점에서 많은 시사점을 제공하고 있다.

이상에서 고고학의 패러다임 변화를 물질문화의 복원과 전시 그리고 재현의 측면에서 간략히 살펴보았다. 다음에서는 실제로 이러한 물질문화의 복원과 전시 그리고 재현에 실제적 기초를 제공하는 실험 고고학과 민족지 고고학을 중심으로 이러한 접근 방식의 한계에 대해 살펴보도록 하겠다.

3. 선사시대 유적·유물의 복원과 활용에 대한 이론적 검토 – 실험고고학과 민족지 고고학

많은 사람들이 과거의 물질자료에 대한 관심을 갖기 시작한 이후 갖게 된 의문 중의 하나가 바로 그러한 유적·유물들이 무엇이고 어떻게 만들어졌으며 무엇을 위해 사용되었으며 무엇을 의미하는가 등일 것이다. 이러한 질문에 대답하기 위해 고고학자들은 이러한 유적·유물에 대한 직접적인 연구 외에 이들 유적·유물을 복원하거나 복제품을 만들어 보기도 하였다. 이와 아울러 대부분 서구 연구자들에 의해 수집된 민족지 자료를 검토해보기도 하고 소위 '원시'사회로 생각되어 온 특정한 사회에서 현지조사를 실시하기도 하는 등 다양한 접근 방식을 모색하였다. 결과적으로 이러한 접근방식은 각각 실험 고고학(experimental archaeology)와 민족지 고고학(ethnoarchaeolgy)으로 불리게 되었다. 특히 신고고학의 등장 이후 이러한 접근 방식의 중요성이 널리 인식되기 시작하였다.

이 중 실험 고고학은 과거 사회의 실제적 측면에 대한 가설을 검증하기 위해 수행된 실험을 기술하는 용어로 정의될 수 있다.[28] 이에 더하여 실험 고고학은 과거 삶의 부분들로 되돌아가거나 경험할 수 있는 방식 중의 하나인 동시에 그 당시의 (사회적) 조건과 환경을 복원하려는 시도라고 주장되기도 한다.[29] 이를 좀 더 부연하여 설명하면 과거의 무기나 도구를 복원하여 사용해보는 것에 의해 우리는 원래 그러한 무기들을 발명했거나 소유했던 사람들에게 이러한 유물들이 가졌을 중요성을 추측해볼 수 있는 단서를 얻을 수 있다는 것이다. 또한 집이나 방어시설, 성채 등을 복원해 봄으로써 이러한 유적을 세우는데 필요했을 과거 사회의 노력이나 노동력의 규모를 추정해보거나 배나 마차의 복제품을 사용해 보는 것에 의해 과거 사회의 교통과 이주와 관련된 문제들을 좀더 풍부히 이해할 수 있다는 것이다. 즉, 우리의 조상이 살았던 방식대로 살아봄으로써, 그리고 과거 사람들의 관심들을 경험하는 것에 의해 선사시대의 생계경제와 안식처에 대한 인식과 인간의 창의적인 본성에 대해 이해할 수 있을 것이라고 주장한다. 이러한 실험 고고학적 관심은 19세기 이래 유럽과 미국에서 수행된 많은 종류의 실험들에 의해 설명될 수 있다. 하지만 고고학자들이 과거의 유적·유물을 다시 만들거나 복원할 수 있다

---

[28] R. D. Whitehouse, *The Macmillan Dictionary of Archaeology*, London: Macmillan Press, 1983, p. 168

[29] J. Coles, *Experimental Archaeology*, New York: Academic Press, 1979

는 자신감을 갖게 된 것은 20세기 중반 이후 신고고학의 등장과 함께 고고학에 과학적 방법이 적용되고 나서이다.

이러한 실험 고고학에서 수행되고 있는 유적, 구조물, 도구, 무기 등에 대한 실험은 대략 세 가지로 범주화될 수 있다. 가장 낮은 수준으로는 이러한 유적·유물의 실제 제작을 들 수 있다. 여기에서는 원래의 유적·유물을 본떠 복제품을 만들게 되는데 여기에서 사용되는 재료는 원래의 유적·유물과 다를 수 있고 복제품을 만들 때 사용되는 기술도 과거의 것이 아닌 근대적인 것일 수 있으며 복제품 그 자체도 원래 그것이 갖고 있을 것으로 추정되는 기능이나 목적을 위해 사용되지는 않는다. 실험 고고학의 두 번째 범주는 적절한 기법을 사용하여 유적·유물의 축조와 제작에 사용되었을 과거의 생산과정과 방법을 검토하는 것이다. 세 번째 범주는 과거의 유적·유물이 어떠한 용도로 사용되었는지를 추정하는 즉, 유물의 기능과 관련된 것이다. 이러한 실험 고고학이 전제하고 있는 중요한 원칙 중의 하나는 실험 고고학의 결과는 우연이 결과를 결정하지는 않았다는 점을 증명하기 위해 반복 가능한 것이어야 한다는 점이다.

이와 대조적으로 민족지 고고학은 고고학 해석에 대한 다양한 질문에 답하기 위해, 그리고 고고학의 설명과 해석에 기초가 되는 유추를 발전시키고 검증하기 위해 고고학자들이 과거의 삶의 방식을 전통적으로 고수하고 있는 사회를 대상으로 현지조사를 하는 분야로 정의될 수 있다.30) 이안 호더는31) 실험 고고학과 민족지 고고학의 차이를 다음과 같이 설명하고 있다. 즉 과거에 어떠한 방법으로 토기를 만들었는지, 그리고 어떤 형태의 요지가 사용되었는지를 알기 위하여 시행되는 토기제작은 각기 다른 방식으로 시도될 수 있고 그 과정에서 소성온도를 비롯한

---

30) Ian Hodder, *The Present Past*, Batsford: The Batsford LTD, 1982, p. 28
31) Ian Hodder, *Ibid.*, pp. 29~31

각종 조건들이 정확히 관찰되고 기록되며 그리고 각종 변수들이 참여자들에 의해 조절될 수 있다는 의미에서 실험이라고 할 수 있다고 한다. 실험 고고학자들은 비록 가능한 한 선사시대의 정보를 수집하여 과거의 상황에 맞게 유적·유물을 재현하려고 노력하며 그들이 익숙하지 않은 그리고 오랫동안 잊어버렸던 제작 기술을 재현하려고 노력하지만 그러한 재현이 기본적으로 인위적이고 통제된 상황에서 이루어진다고 한다. 즉, 실험은 일종의 '진공상태'에서 수행되며 당시 삶의 사회적, 문화적 그리고 이데올로기적 측면은 일반적으로 고려되거나 관련되는 것은 아니라고 한다.

이러한 실험 고고학과는 달리 민족지 고고학자들은 그들 자신이 만든 인위적인 환경에 대한 관심 대신에 요지에서 토기를 굽는 제작 행위를 이러한 행위를 둘러싼 전체적인 사회적, 문화적, 그리고 경제적 맥락과 연결시키면서 동시에 고려할 수 있는 모든 변수들을 고려하고자 노력한다고 한다. 그러나 민족지 고고학자들은 그들의 관찰에서 실험 고고학자들이 실험에서 행하는 변수들의 통제는 거의 하지 않는다고 한다. 따라서 어떤 면에서 실험 고고학은 민족지 고고학에 비해 덜 자민족 중심적이라고 할 수 있다고 한다.

결론적으로 호더는 실험 고고학이 고고학 유적·유물의 제작과정과 용도를 이해하는데, 그리고 유적·유물의 물리적 속성을 파악하는데 커다란 기여를 할 수 있을 것으로 주장한다. 그러나 이와 관련된 제작기술들과 생계경제상의 용도를 더 넓은 사회적, 그리고 문화적 맥락들과 관련시키고자 하는 '왜' 라는 질문에 연관 지어 생각할 때 근본적인 한계를 가질 수밖에 없다고 주장한다.

실제로 실험 고고학은 유적·유물의 모형을 제작, 복원하거나 재현함으로 유적·유물의 제작과 관련한 다양한 기술과 과정, 그리고 부분적으로 기능의 일부를 유추해볼 수 있는 단서를 제공하는 것이 사실이다. 그렇지만 앞에서도 언급한 바와 같이 그러한 실험은 그 실험과정에서 발생하거나 발생할 것으로 예상되는 여러 변수들을 현재의 관점에서 조절하거나 통제하는 한에서 가능한 것이다. 따라서 과거 사회의 실제 제작과정에서 어떠한 변수들이 작용했을 것인지 그리고 그러한 변수들이 어떻게 작용했을 것인가에 대해 정확한 지식이 없는 한 실험 결과는 하나의 가능성만을 제시할 따름이라는 점을 기억해 둘 필요가 있다. 이러한 한계는 제작 기술과 과정을 넘어서 유적·유물의 기능과 의미를 유추할 때 더욱 명백히 드러난다. 다시 말해서 유적·유물의 기능과 의미는 단지 실험에 의해 밝혀지는 것이 아니라 그러한 유적·유물이 제작, 사용, 그리고 폐기되었을 맥락 안에서 이해되는 것으로 단지 통제된 반복적 실험을 거쳐 파악될 수 있는 성질의 것은 아니라는 것이다.

민족지 고고학 또한 이와 유사한 문제를 갖고 있는 것으로 생각된다. 유적·유물의 기능을 파악하기 위해 사용되는 형식 유추나[32] 의미를 해석하기 위해 동원되는 관계유추는[33] 실험 고고학이 부분적으로 또는 전혀 밝혀주지 못하는 부분에 대해 나름의 기여를 하는 동시에 실제 고고학 해석에서 매우 중요하게 이용되고 있는 것이 사실이다. 그럼에도 불구하고 여전히 유사한 형태의 유적·유물이 과거와 현재의 다양한 집단들에 의해 동일한 또는 적어도 유사한 기능과 의미를 가졌을 것이라는

----

[32] 예를 들어 A라는 유물의 기능을 추정하기 위해 현재 이와 유사한 형태의 도구를 사용하는 집단에 대해 민족지 조사를 실시하고 이 과정에서 A와 유사한 도구의 기능을 파악하여 이를 A라는 유물의 기능으로 추정하는 유추과정을 의미한다.

[33] A라는 유물의 기능을 현재의 민족지 집단에 대한 조사를 통해 단순 유추하는 대신 그 유물의 의미를 해석하기 위해 특정한 민족집단에서 그와 유사한 도구가 사용되는 맥락과 그 안에서 갖는 의미를 파악한 다음 그러한 맥락과 의미를 A라는 유물의 의미로 유추하는 방식을 의미한다.

점을 명확히 보장해주지는 않는다. 왜냐하면 그러한 유적·유물의 기능과 의미는 그 자체가 속하거나 구성하고 있는 맥락 안에서 파악되거나 이해되어야 하기 때문이며 형식 유추나 관계 유추를 통해 얻을 수 있는 기능과 의미에 대한 지식은 단지 그러한 해석 작업을 위한 하나의 출발점만을 제공한다고 볼 수 있기 때문이다. 따라서 지금까지의 많은 노력에도 불구하고 실험 고고학과 민족지 고고학을 통해 얻을 수 있는 우리의 지식은 매우 제한적일 수밖에 없다고 할 수 있다. 즉 그러한 지식이 기본적으로 기여하는 바는 유적·유물이 과거의 맥락에서 가졌을 제작 기술과 과정, 기능, 그리고 의미에 대한 해석의 출발점과 가능성을 제시하는 데에 있으며 그 자체가 과거의 그것이라고 확신할 수는 없다는 점이다.

4. 선사시대 유적·유물의 복원과 재해석

지금까지 선사시대 유적·유물의 복원과 전시, 그리고 재현과 관련하여 가정되고 있는 암묵적 전제들이 과연 이론적으로 그리고 실제적으로 타당할 수 있는지에 살펴보았다. 여기에서는 앞서 이루어진 비판적 검토를 토대로 현재 이루어지고 있는 선사시대 주거지와 무덤의 복원과 전시, 그리고 재현과 관련된 실제 사례를 살펴보고 여기에 내재된 여러 문제점들에 대해 논의하고자 한다.

1) 타자화된 과거

현재 다양한 종류와 형태의 유적·유물이 복원, 전시, 그리고 재현되고 있지만 그중에서도 가장 많은 관심과 함께 논란의 대상이 되는 사례를 예로 든다면 바로 주거지와 무덤이라고 할 수 있다. 이러한 주거지와 무덤의 복원 등과 관련하여 제기되고 있는 가장 논란거리 중의 하나는 그러한 복원과 재현이 과연 정확한 것인가 하는 것이다. 그러나 이러한 논란은 어쩌면 궁극적으로 정답이 없거나 무의미한 것일 수도 있다. 왜냐하면 원래의 모습을 보여줄 수 있는 기록이나 자료가 없는 선사시대의 유적·유물의 경우, 비록 발굴을 통해 얻을 수 있는 정보를 바탕으로 실험 고고학이나 민족지 자료의 도움을 받아 추정해 볼 수는 있다 하더라도 과연 그것이 원래의 그것이라고 확실히 주장할 수 있는 근거는 전혀 없기 때문이다. 다시 말해서 지금 복원, 전시, 그리고 재현되고 있는 대부분의 선사시대 유적·유물의 모습은 현재 우리가 갖고 있는 지식을 바탕으로 추정된 것일 따름이다. 더욱이 앞서 지적한 바와 같이 형태 외에 기능과 의미를 복원하거나 전시, 그리고 재현하는 것은 더욱 힘들다고 할 것이다. 왜냐하면 그러한 기능과 의미가 파악될 수 있는 과거의 맥락을 복원하는 것은 매우 어렵기 때문이다. 그럼에도 불구하고 적어도 그러한 맥락을 추론해보고 복원해보는 작업은 유의미할 수 있다고 생각된다. 왜냐하면 과거의 유적·유물이 의미 있게 구성되는 것이라면 그러한 유적·유물의 의미를 추정할 수 있는 과거 맥락을 복원하고자 시도하거나 그러한 맥락을 파악해 볼 수 있는 기회를 제공하는 것 또한 나름의 가치를 가질 수 있기 때문이다. 현재의 맥락에서 그러한 과거의 유적·유물을 이해하도록 돕는 것도 복원과 전시, 그리고 재현의 목적 중의 하나라고 할 수 있을 것이다.

이와 관련하여 그냥 지나치기 쉽지만 위에서 언급한 문제점들 못지않게 심각할 수 있는 문제점을 살펴보고자 한다. 이 문제는 바로 유적·유물의 복원과 전시, 그리고 재현을 통해 짐작될 수 있는 과거(혹은 과거의 것으로 믿는)가 바로 과거 사람들의 경험은 물론 심지어 현재 우리로부터 분리되어 객관화라는 이름 아래 타자화되고 있다는 것이다. 예를 들어 우리나라의 대표적인 신석기 주거 유적인 암사동 주거지의 복원 예에서 볼 수 있듯이 이 주거지는 발굴 조사와 민족지 사례를 참조하여 외부형태와 내부구조를 복원하여 전시되고 있다. 그런데 여기에서 문제가 되는 것은 이러한 복원과 전시가 이러한 주거지를 사용하거나 폐기했을, 그리고 이를 현재의 관점에서 경험하고 기억하는 과거와 현재 사람들과는 분리되어 하나의 대상으로, 즉 객관화된 과거를 대표하는 타자로서 인식되고 있다는 점이다. 이러한 문제점은 최근에 각광을 받고 컴퓨터 그래픽을 통한 복원과 재현에서도 잘 드러난다(그림 2와 3 참조).

〈그림 2〉 주거지의 복원 모습 1 (영국 리버풀 대학 매튜 피츠존 교수 제공)

<그림 3> 주거지 복원 모습 2 (영국 리버풀 대학 매튜 피츠존 교수 제공)

양자의 주거지 복원 모습을 비교해보면 전자의 경우, 구조나 외형을 나름대로 복원하는데 성공하였지만 매우 정적이며 대상화되어있고 따라서 실제 주거지에 살았을 사람들의 일상생활과 경험은 전혀 반영될 여지를 남기고 있지 않다. 반면에 후자의 경우 비록 복원의 정확성의 측면에서 논란의 여지가 있는 것은 분명한 사실이지만 적어도 주거지의 실제 사용과 의미를 삶의 경험 속에서 추정하고 해석해 볼 수 있는 근거를 마련해 줄 수 있다는 측면에서 나름의 가능성을 갖고 있다고 생각한다. 이러한 점을 고려해 볼 때, 현재 이루어지고 있는 주거지의 복원, 전시 그리고 재현은 앞서 지적한 바와 같이 과거와 현재의 삶의 맥락으로부터 유리되어 그 자체로 객관화 및 대상화되고 있는 모습을 여실히 보여주고 있다고 할 수 있다(그림 4 참조).

무덤의 경우도 이와 크게 다르지 않은 것으로 생각된다. 주지하다시피 무덤은 죽은 자들의 시신을 처리하는 여러 단계 중 마지막 단계이자 조상으로 대표되는 과거를 기억하고 기념하게 되는 물질적 근거를 마련하는 첫 단계가 된다. 이러한 무덤의 축조는 죽은 자들을 위한 것일 뿐만 아니라 무덤을 직접 축조하는 살아있는 사람들의 권력을 매개하거나 표현하며 또한 무덤 축조과정은 살아남은 사람들 사이의 관계를 재조정하고 무덤 축조, 그리고 장례의식과 관련된 여러 규범들이 살아있는 사람들 사이에서 재확인 또는 재각인되는 중요한 계기가 된다. 따라서 무덤은 전체 장례의식의 맥락에서, 그리고 죽은 자와 살아있는 사람(그리고 살아있는 사람들 사이)들의 맥락에서 이해될 수 있도록 복원 및 전시, 그리고 재현되는 것이 바람직할 것이다. 또한 그러한 복원 등에서 무덤의 축조와 축조 이후 그러한 무덤이 가질 수 있는 역할에 대해서 고려할 수 있어야 할 것이다.

그럼에도 불구하고 현재의 무덤의 복원과 전시 그리고 재현은 무덤의

〈그림 4〉 복원된 암사동 선사주거지 (출처 : 필자)

<그림 5> 석촌동 고분군 (출처 : 필자)

외형적 특징과 구조 및 부장품(그리고 이에 기반한 문화의 시공적 위치의 확인) 그리고 그러한 무덤에 묻혔을 사람들의 사회 정치적 신분과 이들이 속한 정치체의 성격을 보여주기 위한 목적을 중심으로 이루어지고 있다. 따라서 이러한 방식의 무덤 복원 및 전시는 그 자체로 무덤이 가질 수 있는 다양한 시각과 시선의 존재가능성이 사라진 채 과거를 객관화하며 대상화하고 그리고 타자화하는데 이용되고 있음을 잘 알 수 있다(그림 5 참조).

2) 유적·유물은 과거 그 자체인가

유적·유물의 복원과 전시의 문제를 다룰 때 고려해야 할 문제 중의 하나가 바로 박물관의 문제라고 생각한다. 왜냐하면 대부분의 경우 일반인들은 박물관에 전시된 유물을 통해 실체화된 과거를 감성적으로, 그리고 이성적으로 경험하기 때문이다. 그러나 박물관에 전시된 유물, 그리고 이러한 유물의 전시를 통해 실체화된 과거는 그러한 유물들이 과거의 맥락 안에 위치 지워지는 것에 의해 형성되는 것이 아니라 전시된 유물들이 그 자체의 새로운 맥락을 만들면서 형성되는 것이다(그림 6 참조). 다시 말해서 이러한 방식으로 형성되는 과거는 과거 그 자체가 아니라 지금의 맥락에서 재해석된 과거이며 같이 전시된 유물들과 함께 새로운 맥락을 만들어 내는 과정에서 새롭게 창조된 과거이자 일종의 텍스트이기도 하다.

이러한 과거는 의도적으로 혹은 비의도적으로 정해지거나 권장되는 동선에 따라 움직임으로써 경험된다. 이렇게 경험되는 과거는 박물관의 전시를 관람하는 개인 주체들에 의해 능동적으로 체험되거나 구성되는 과거가 아니라 이미 주어진 맥락에 따라 특정한 방식에 따라 의미 지워진 과거다. 따라서 과거의 재해석과 실체화 과정에서 특정한 맥락에 따른 의도적인(또는 비의도적이라 하더라도) 유물의 배치와 전시, 그리고 그에 대한 설명이 이루어진다면 그러한 물질적 텍스트들을 원래 그것들이 속했을 맥락으로 환원하여 해석할 준비가 되어 있지 않은 일반인들의 경우, 의도된 바를 그대로 따르는 경우가 대부분일 것이다.

이러한 측면에서 박물관의 전시와 유사하면서도 동시에 대비될 수 있는 것이 바로 동물원이다. 주지하다시피 동물원 또한 각종 동물들을 일정한 분류체계에 따라 범주화하고 비슷한 종들끼리 모아(예를 들면 원숭이류, 맹금류, 조류 등등) 이들을 상호 비교할 수 있도록 전시하고 있는 경우가 대부분이다. 예를 들면 자연세계에서는 같은 장소에 공존할 수 없는 사자와 호랑이가 바로 이웃하고 있으며 아프리카의 원숭이가 일본원숭이와 함께 살아가게 된다(그림 7 참조).

이러한 점들을 고려하면 박물관과 동물원은 여러 측면에서 공통점을 갖고 있다고 할 수 있다. 첫째, 창살과 유리창 너머로 동물과 유물을 '전

〈그림 6〉 독일 뮌헨 선사박물관 전시실 일부 모습 (출처 : 필자)

〈그림 7〉 과천 서울대공원 원숭이사 모습 (출처 : 필자)

시' 하고 있으며, 둘째, 그렇게 전시된 동물과 유물은 실제 생활세계에서 이들을 경험하거나 사용할 우리 자신들로부터 타자화되어 있으며 셋째, 이들은 원래의 맥락으로부터 떨어져 나와 인간들이 만든 기준과 범주에 따라 새로운 맥락을 형성하며, 넷째, 이러한 새로운 맥락을 자연, 혹은 과거라고 인식한다는 점이다.

한편 박물관과 달리 동물원에 '전시'된 동물들이 그들의 세계를 대표하거나 표상하지 않는다는 인식은 널리 퍼져 있는 것으로 생각된다. 이러한 이유로 동물들을 가급적 원래 그들이 서식했던 자연 환경에 가깝게 만들어진 인공적 환경 속에 위치 지운다든지(예를 들면 동물원의 사파리와 같은 환경) 아니면 이들 동물이 살고 있는 원래 지역을 직접 탐방하기도 한다. 비록 전자의 경우, 자연환경에 가깝게 만들어졌다고는 하지만 이 역시 일종의 시나리오에 따라 인위적으로 형성된 맥락이라는 점에서 한계를 갖고 있다. 그럼에도 불구하고 동물들이 원래 살았던 원래의 맥락을 고려하면서 새로운 전시 방식을 마련하기 위해 노력했다는 점에서 박물관과 비교된다고 할 수 있다.

3) '체험'과 '경험'만으로 충분한가?

최근 우리나라에도 유적·유물의 복원 등과 관련하여 앞서 언급한 문제점을 극복하고자 단순한 유적·유물의 '감상'이 아닌 실제 경험과 체험을 중시하는 사례가 늘고 있다. 이와 관련하여 주목할 만한 사례가 덴마크의 Lejre Experimental Centre일 것이다(그림 8과 9 참조).

이 센터는 덴마크의 중소 도시인 Roskilde 서쪽에 위치한 일반인과 실험고고학을 위한 장소로서 1964년에 설립되었으며 철기시대 마을과 제의 장소(200 BC to 200 AD), 바이킹 시기의 마을과 시장(900 AD), 그리고 석기

시대 캠프 유적(5000 BC) 등으로 구성되어 있다. 또한 선사 및 역사시대 공방과 정원, 목초지 그리고 경작지 등을 포함하고 있다. 매년 여름 이 센터에서는 일반인들이 개인 혹은 가족 단위로 일주일 이상 거주하면서 과거 선사 및 역사 시대의 삶의 방식대로 살아가는 체험을 하게 되며 전문 고고학자들 역시 다양한 주제와 범위의 실험고고학적 연구를 수행하고 있다. 매년 55,000명 이상의 일반인들과 학생들이 이 센터를 방문하거나 각종 프로그램에 참여하고 있는 것으로 알려져 있다(그림 8 참조).

이 센터는 기존의 고고학 발굴과 실험고고학 그리고 민족지 고고학의 성과를 바탕으로 가능한 한 과거의 모습에 가깝게 유적·유물을 복원, 또는 재현하고 이를 가급적 과거의 맥락 속에서 직접적으로 경험하게 함으로써 단순히 과거(그리고 과거의 반영물로 여겨지는 유적·유물)가 대상화되고 타자화되는 것을 지양하고 있다.

이러한 장점에도 불구하고 Lejre Centre의 체험 프로그램이 갖고 있는 어쩔 수 없는 한계들이 있는 것도 사실이다. 예를 들어 앞서 지적한 바와 같은 실험고고학과 민족지 고고학의 근본적인 한계와 아울러 과연 Lejre Centre에서 제공하는 프로그램이 과연 복원이라는 이름을 붙일 수 있는지, 또는 복원은 가능한 것인가에 대한 근본적인 의문을 포함한다. 다만 이 센터에서 이루어지는 체험이 비록 명백히 의도되지 않은 것이라고 하더라도 통제된 것이고 근대적인 것이라는 점이 명확히 인식되는 동시에 우리의 현재 지식에 의해 제한된 것이라 할지라도 그것이 적어도 과거의 맥락에 가깝게 다가가려고 노력하고 있고 과거의 (완전한) 복원이라고 주장하지 않는 한, 그리고 현재의 맥락에서 그러한 경험과 체험이 가질 수 있는 의미와 한계를 인식할 수 있다면 나름의 의미를 충분히 가질 수 있을 것으로 판단된다.

〈그림 8〉 Lejre Experimental centre의 마을 전경
(출처 · http://www.sagnlandet.dk/English.1192.0.htm)

〈그림 9〉 Lejre 마을의 생활체험 모습
(출처 : http://www.sagnlandet.dk/English.1192.0.htm)

5. 맺음말

앞서 논의한 바와 같이 일반적으로 과거의 유적·유물을 복원, 전시, 그리고 재현하는 경우에 대체로 다음과 같은 네 가지 전제를 암묵적으로 가정하고 있는 것으로 생각된다. 첫째, 과거(혹은 과거의 사실)는 그 자체로 이미 객관적으로 존재하고 있으며, 둘째, 따라서 과거는 적절한 자료와 방법론에 의해 있었던 그대로 복원될 수 있고, 셋째, 그러한 과거, 특히 문자기록이 없거나 부족한 선사시대의 복원은 유적·유물의 연구를 통해 객관적으로 가능하며, 넷째, 유적·유물은 과거를 그대로 반영하고 있으므로 유적·유물의 복원은 바로 과거의 복원으로 이어질 수 있다는 전제 등이 바로 그것이다.

이러한 전제들은 대체로 문화사 고고학 또는 과정 고고학의 발전과 함께 고고학에서 과거를 바라보는 기본적인 인식틀로 자리잡은 것으로 판단된다. 하지만 후기과정 고고학의 발전과 함께 이러한 인식틀에 대한 비판과 반성이 가능하게 되었다. 즉 마르크시즘의 영향으로 '객관적 과거'의 존재 가능성에 대한 주장 이면에 은폐되어 작동하고 있는 권력과 헤게모니에 주목할 수 있게 되었으며, 구조주의와 해석학의 이론 덕분에 유적·유물의 의미와 맥락의 중요성을 인식할 수 있게 되었다. 또한 현상학의 고고학적 적용 덕분에 유적·유물의 단순한 복원, 전시, 그리고 재현이 유적·유물을 대상화하고 타자화하고 있으며 이에 대한 대안으로 경험과 체험이 중요함을 알 수 있게 되었다.

이러한 인식의 전환 덕분에 실제 유적·유물의 복원과 전시 그리고 재현에 가장 큰 기여를 해왔던 실험 고고학과 민족지 고고학의 역할과 한계에 대해서도 보다 분명하게 인식할 수 있게 되었다. 이와 아울러 기존의 선사시대 주거지와 무덤의 복원, 박물관, 그리고 유적 체험 센터에서 이루어지고 있는 유적·유물의 복원과 전시, 그리고 재현과 경험이 갖고 있는 한계에 대해서도 어느 정도 체계적으로 논의할 수 있게 되었다.

　이러한 과정을 통해, 비록 "유적·유물은 과거에 속한 것이 아니라 현재에 속한 것이며 과거란 단지 현재에 속한 유적·유물을 통해 재창조되는 것이기 때문에 결국 있는 그대로의 과거란 존재하지 않는다"라고 주장한 어느 후기과정 고고학자의 입장에 대해 반드시 동의하지 않는다 하더라도 적어도 유적·유물의 복원을 통해 과거를 객관적으로 복원할 수 있다는 기존의 통념을 비판적으로 되돌아 볼 수 있게 되었다는 점은 나름의 의미를 지니고 있다고 생각한다.

김태웅

서울대 역사교육과

1. 머리말

근래에 낡고 오래된 사진들이 발굴되거나 사진집에 실려 일반 대중들에게 공개되고 있다. 이들 사진은 창작보다는 기록에 중점을 두고 있어 기존에 문자 자료에 의거한 역사 연구의 공백들을 채울뿐더러 새로운 영역의 개척에 촉매 구실을 하고 있다. 즉 이들 사진은 인물 연구는 물론 당시의 복식, 건축, 도시 시설, 농촌 경관 등과 함께 일상 생활 등을 연구하는 데 전거 자료로 활용되고 있다. 더욱이 디지털 기술의 발달과 인터넷의 광범한 보급에 힘입어 복제와 유통이 용이해짐으로써 활용의 대상이 많아지고 범위가 넓어지고 있다.

한편, 시각 매체가 발달하는 가운데 학생과 일반 대중들의 시각 매체에 대한 관심이 폭발적으로 높아지면서 문자 위주로 구성된 교재의 비중은 줄어들고 있다. 특히 이러한 경향은 언어적 매체에 가장 많이 의존하는 역사연구와 역사교육도 마찬가지여서 국사 개설서와 교과서 등의 교재에서는 사진이 대거 수록되고 있다.[1] 이는 문자 텍스트의 가독성(可讀

性)을 높이고 역사의 현장을 생생하게 전달함으로써 학습자들의 학습 의욕을 유발시키고 이해도를 제고시킬 수 있다는 장점 때문이다.[2]

하지만 여기에 수록된 사진들이 다른 예술 사진 작품과 달리 전거가 분명하지 않을뿐더러 설명문(이른바 캡션)이 부실하고 정확하지 못해 신뢰도를 떨어뜨리고 있다.[3] 아울러 사진 자료에 본래 담겨 있던 촬영 의도와 이미지를 간과한 채 무비판적으로 활용하는 경우도 보인다. 여기에는 생생하고 극적인 데다가 사실에 대한 틀림없는 재현, 존재 증명의 기능을 본성으로 하는 태생적(胎生的) 객관(客觀)이라는 전제가 깔려 있기 때문이다.[4] 그리고 교재에 수록할 때 사진의 선정과 지면 배치에 대한 체계적인 검토가 수반되지 않아 오히려 사진은 본문 내용을 장식하거나 심지어 호도된 이미지를 재현하기도 한다.

이 글은 현재 국사 개설서와 교과서 등 국사 교재에 수록되어 있는 한국 근현대 사진들의 현황을 분석함으로써 문제의 소재를 구체적으로 파

---

* 사진의 학술적 활용에 도움을 주신 관계자와 여러 기관에 감사드린다. 아울러 교과서에 수록된 사진들의 오류는 2012년 3월 현재 바로 잡혔음을 밝혀둡니다.
1) 사진과 그림을 활용한 국사 개설서로서 최초의 책은 1993년에 출간된 『사진과 그림으로 보는 한국의 역사』(웅진) 시리즈였다. 이후 『사진과 그림으로 보는 북한 현대사』(2004)와 『사진과 그림으로 보는 한국 현대사』(2005)가 출간되었다. 아울러 1993년 이래 '사진과 그림으로 보는' 시리즈는 동양사와 서양사의 경우에도 빈번하게 출간되었다.
2) 역사 교과서에서 삽화의 일종이라 할 사진의 교육적 효과에 관해서는 지모선, 2009 「역사 교과서 제2차 세계대전 삽화 자료 비교 분석－한·중·일·미·독 교과서를 중심으로－」 『역사교육연구』 9 참조.
3) 최근에 아이리스 창의 『난징의 능욕』에 게재된 사진을 둘러싼 논란에서 볼 수 있듯이 사진 신뢰도의 문제는 일본 극우 정치 세력이 일본군의 난징 학살을 부인하는 근거로 비화하기도 하였다. 이에 관해서는 테사 모리스－스즈키 지음, 김경원 옮김, 2006 『우리 안의 과거－렌즈에 비친 그림자 : 사진이라는 기억』, 휴머니스트, 107~112쪽 참조.
4) 이에 관해서는 테사 모리스－스즈키 지음, 김경원 옮김, 위의 책, 112쪽과 이경민, 2010 『제국의 렌즈』, 산책자, 113쪽 참조.

악하는 한편, 역사 사진의 학문적·교육적 효과를 재검토하면서 이러한 문제를 해소할 수 있는 방안으로서 사진 족보 제작의 필요성을 강조하고자 한다. 다만 여기서는 주제의 범위와 지면 관계상 근현대 사진 전체보다는 교재에 수록되어 있는 사진들을 다루고자 한다. 따라서 교재에서 좀처럼 수록되지 않는 학술사진은 제외시켰다.

2. 정체 불명의 역사 사진과 역사 서술에서 활용

근래 사진집이 줄이어 출간되면서 많은 관심을 끌고 있다. 그것은 여기에 수록된 사진들이 역사 교과서를 비롯한 수많은 교재의 자료로 이미 활용되었거나 이후에도 널리 이용될 수 있기 때문이다. 그리고 최근에는 외국인이 남긴 사진이라든가 미국 및 러시아의 공문서관 등지에서 문서와 함께 사진이 공개되면서 일반 출판사에서 이런 사진들을 사진집 형태로 출간하고 있다.[5] 한편, 지방자치단체에서도 여러 형태로 역사사진집을 다수 출간하고 있다. 이는 디지털 기술의 발달에 힘입어 이전보다 저렴한 가격으로 고품질의 사진집을 출간할 수 있는 여건이 조성된 가운데 일반인들의 시각 자료에 대한 관심이 높아졌기 때문이다.

그러나 이들 사진집은 많은 문제점을 내포하고 있다. 특히 인터넷에서 유통되고 있는 사진은 더욱 그러하다.[6] 따라서 이러한 사진들을 활용하기 위해 재수록한 교재의 신뢰도는 자연히 떨어질 수밖에 없다. 크게 두

---

[5] 대표적인 사진집으로 미 국립문서기록보관청, 박도 엮음, 2004 『지울 수 없는 이미지 -8·15해방에서 한국전쟁 종전까지-』, 눈빛을 들 수 있다.

[6] 이에 관해서는 김태웅, 2005 「日帝强占期 群山地域 寫眞의 現況과 史料化 問題」 『역사연구』 15 참조.

부문으로 나누어 접근할 수 있다. 하나는 전거(典據)와 설명문의 부실 등의 사진 외적인 문제이며 또 하나는 사진조작(寫眞造作), 이미지 왜곡(歪曲) 등의 사진 내적인 문제이다.

우선 사진 외적인 문제를 살펴보자. 이 문제는 크게 전거의 부실과 설명문의 오류로 나누어 볼 수 있다.

ⅰ) 전거의 부실이다. 사진집의 대다수는 수록 사진의 전거를 제시하지 않는 경우가 부지기수이다. 예컨대 1978년에 출간된 동아일보사의 『사진으로 보는 한국백년』 시리즈와 1988년에 출간된 조선일보의 『사진으로 본 감격과 수난의 민족사─1945년 해방에서 6·25 전쟁까지─』는 역사사진집의 원조로서 그 의미가 적지 않았지만 극히 일부를 제외하고는 수록 사진의 전거들을 밝히고 있지 않다.[7] 이후 1987년 서문당에서 출간된 『사진으로 보는 독립운동』 등의 사진집도 사정은 마찬가지였다.[8] 다만 1987년 7월에 일본에서 출간되고 2009년 9월에 출간된 『한일병합사 1875~1945 사진으로 보는 굴욕과 저항의 근대사』와 『모던의 유혹 모던의 눈물』의 경우,[9] 맨 뒷면에 사진 제공자와 출전을 밝히고 있다. 그러나 이 역시 개별 사진 자체에 대한 전거를 일일이 제시하지 않고 뭉뚱그려 제시할 뿐이다. 특히 이런 전거도 사진이 원래 수록되어 있던 책자나 사진 제공자를 밝히지 않고 2차 전거라 할 사진집을 제시하는 데 머무르고 있다. 반면에 1998년에 출간된 『서울의 옛모습』과 2009년에 출간된 『서양인이 만든 근대 전기 한국 이미지』의 경우,[10] 가능한 한 원래 수록

---

[7] 東亞日報社, 1978 『사진으로 보는 한국백년』 시리즈 ; 朝鮮日報社, 1988 『사진으로 본 감격과 수난의 민족사─1945년 해방에서 6·25 전쟁까지─』

[8] 서문당, 1987 『사진으로 보는 獨立運動』

[9] 신기수 엮음, 이은주 옮김, 2009 『한일병합사 1875~1945 사진으로 보는 굴욕과 저항의 근대사』, 눈빛 ; 노형석, 2004 『모던의 유혹 모던의 눈물』, 생각의 나무

되어 있던 책자를 밝히고 있다.[11] 이 점은 이전 사진집에서 볼 수 없었던 장점으로서 연구자와 독자가 추후 원본과 비교할 수 있다. 그러나 이런 경우는 극히 드문 예에 속한다.

ii) 이들 사진집에 수록되어 있는 개별 사진에 대한 설명문도 오류가 적지 않다. 이는 크게 원본 자체 설명문의 오류, 중간본 설명문의 오류, 집필자의 사진에 대한 착각에 따른 오류 등으로 나누어 볼 수 있다.

우선 사진집 수록 사진의 원안 자체가 오류를 안고 있는 경우이다. 〈그림 1〉은 이른바 아관파천 관련 사진이다.

〈그림 1〉의 경우, 학계에 논쟁 거리를 제공한 사진이다. 처음에는 동아일보사와 서문당의 경우에서 보듯이 아관파천 관련 사진으로 소개하면서 정설로 굳어졌다.[12] 또한 일각에서는 고종에게 대포를 헌납하는 장면으로 고증하기도 하였다.[13] 그러나 이들 출판사가 원안으로 사용한 1907년 9월 7일자 프랑스 『일뤼스트라시옹(Illustration)』지에 실린 사진이 〈그림 1〉의 설명문과 같이 '서울의 쿠데타—한국 황궁의 안뜰에서. 중앙 창문의 흰옷 입은 두 명 중 왼쪽이 폐위된 황제 이형, 중앙이 새 황제, 왼쪽 창문의 두 환관 사이에 있는 세자 영친'이라는 구절을 보면 이는 고

[10) 서울특별시박물관, 1988 『서울의 옛모습』 ; 홍순민, 박현순, 강명숙, 2009 『서양인이 만든 근대 전기 한국 이미지』, 청년사

11) 물론 이 사진들도 인화된 사진 자체가 아니라 책자에 수록되어 있는 사진을 복제하였다는 점에서 신뢰성에 타격을 입힐 수 있다. 다만 여타 사진집과 달리 사진 촬영 당시의 시점과 가까운 책자를 활용하였다는 점에서 여타 사진집에 비해 신뢰도가 높은 편이라고 할 수 있다.

12) 동아일보사, 앞의 책, 100~101쪽 ; 서문당, 앞의 책, 40쪽. 아울러 이 사진은 중등학교 교과서를 비롯하여 각종 교재에 수록되었다.

13) 홍순민 외, 2009 『서양인이 만든 근대 전기 한국 이미지 Ⅰ 서울 풍경』, 청년사, 207~208쪽 ; 이순우 카페 일그러진 역사의 현장 http://cafe.daum.net/distorted 2009.11.30.

〈그림 1〉 서울의 쿠데타—한국 황궁의 안뜰에서. 중앙 창문의 흰옷 입은 두 명 중 왼쪽이 폐위된 황제 이형, 중앙이 새 황제, 왼쪽 창문의 두 환관 사이에 있는 세자 영친

출전 : 『일뤼스트라시옹((Illustration)』(프랑스), 1907년 9월 7일자

종이 강제로 퇴위를 당한 뒤 촬영된 사진임을 추정할 수 있다.[14] 특히 1906년에 방문하여 1907년 말에 돌아간 맥켄지의 서술과 사진 제시는 매우 주목할 만하다. 즉 그는 1908년에 간행한 *THE TRAGEDY OF KOREA*에서 이 사진이 비록 변형되기는 하였지만 "궁궐 내시와 같이 있는 한국의 전 황제(EX-EMPEROR), 황제(EMPEROR)와 세자(CROWN PRINCE)"라고 설명하는 한편, 이 사진을 고종의 퇴위 관련 서술 지면에 배치하고 있다는 점에서 고종의 강제 퇴위 이후라고 볼 수 있다.[15] 다만 고종의 강제 퇴위 이후 일본이 왜 대포를 돈덕전 앞으로 끌고 왔는지는 좀 더 고민해야 할 점이다. 이 점에서 이순우가 『황성신문(皇城新聞)』과 『만세보(萬歲報)』, 『데라우치 마사다케일기(寺內正毅日記)』를 근거로 1907년 6월 데라우치가 고종에게 대포를 헌납하는 장면으로 추정하였다.[16] 그러나 『일뤼스트라시옹』이나 멕켄지가 각각 설명문과 본문에서 밝히고 있듯이 고종의 강제 퇴위와 무관하다고 할 수 없다. 이 점에서 이 사진은 여전히 촬영자와 촬영의도를 알지 못하는 한 의문이 완전히 해소될 수 없다. 그럼에도 이 사진은 2009년 교육과정에 입각하여 집필된 『고등학교 한국사』에 여전히 아관파천과 관련하여 수록되어 있다.[17]

다음은 사진의 원안 설명문은 정확하였지만 재수록 과정에서 오류를 야기한 사진이다. 〈그림 2〉는 서문당 판 사진집에 수록된 사진으로 1920년대 군산 전주통 거리로 설명하고 있다.

---

14) 이태진은 가쿠쇼인(學習院) 대학이 소장하고 있는 『韓國寫眞帖』(통감부, 1910)에 근거하여 일제가 고종황제의 퇴위를 강요하면서 무력 시위하는 장면으로 파악하고 있다. 이에 관해서는 『朝鮮日報』 2005년 3월 22일 참조.

15) McKenzie, Fred A. (Fred Arthur), *The tragedy of Korea*, Hodder and Stoughton, 1908, pp. 156~157

16) 이순우 카페, 일그러진 근대 역사의 현장 http://cafe.daum.net/distorted 2006.11.8.

17) 이인석 외, 2010 『고등학교 한국사』, (주)삼화출판사, 179쪽

〈그림 2〉 군산항 서쪽 언덕에서 내려다본 전주통(1920년대)

출전 : 서문당, 1988 『사진으로 보는 近代 韓國』上, 132쪽

〈그림 3〉 群山全州通의 左右

출전 : 群山千葉商店, 1909 『開港拾週年紀念 群山及附近風景寫眞帖』

  그러나 이런 연대 추정은 오류이다. 왜냐하면 이 사진과 동일한 사진이 〈그림 3〉과 같이 1909년 川葉商店이 발행한 『群山及附近風景寫眞帖』에 수록되어 있다. 따라서 이 사진은 1909년 직전의 모습이다. 이러한 오류는 편집자의 사소한 실수로 보일 수 있다. 그러나 일본인들이 1910년 이전에 이미 전주통에 거주하며 이 지역의 상권을 주도했음을 보여준다는 점에서 이러한 오류는 일본인들의 정착 과정을 잘못 파악할 수 있는 근거를 제공하는 셈이다.

  특히 이러한 오류가 이후 시정되지 않은 채 여타 사진집이나 교재에 수록되고 있어 문제의 심각성은 더욱 크다. 예컨대 〈그림 4〉에서 볼 수 있듯이 학계가 공들여 제작하고 많은 연구자와 독자들이 활용하고 있는 『옛 사진 속의 전주』에서도 이를 그대로 인용하여 수록하였다.

37. 군산 시가지(1920년대)
  군산항의 서쪽에서 내려다 본 전주거리의 모습. (서문당. 「近代韓國」에서)

〈그림 4〉 군산 시가지(1920년대)
출전 : 국립전주박물관, 1998 『옛 사진 속의 전주 1894-1945』, 28쪽

또한 원래 설명문이 있음에도 제대로 확인하지 못하고 사진만 추출하여 설명문을 붙인 경우도 있다. 〈그림 5〉는 사진작가 무라카미 텐진(村上天眞)이 1895년 2월 27일 서울의 일본영사관 구내에서 찍은 사진으로 일본 東京의 春陽堂이 1895년 5월 10일 발매한 『寫眞畫報』 14권에 수록되면서 세상에 알려지게 되었다.[18]

〈그림 5〉 동학 농민군의 지도자 전봉준 : 관군에게 체포되어 서울도 압송되는 모습이다.
출전 : 국사편찬위원회, 2002 『고등학교 국사』, 두산동아, 335쪽

그러나 대다수의 교재와 관련 연구에서는 이 사진을 전봉준이 서울로 압송되는 장면으로 설명하였다. 다만 외솔회가 '1894년의 동학봉기' 80주년 기념 『나라사랑』 특집호로 발행한 '녹두 장군 전봉준(全琫準)'에서는 1960년대 제2차 교육과정기의 검인정 교과서 및 1974년 제3차 교육과정

---

18) 金文子, 2010 「전봉준의 사진과 村上天眞」 『새로운 자료를 통해 본 동학농민혁명의 동아시적 의미』, 동학농민혁명 국제학술대회(2010년 10월 22일) 발표문

기의 중학교 국정교과서『국사』와 달리 "심문을 받기 위해 짚둥우리에 실려 법정으로 끌려가는 전 봉준 장군"이라고 설명하고 있다.[19] 이후 이 사진을 수록한 어느 누구도 출처를 밝히지 않거나 근거를 제시하지 못한 채 동아일보사의『사진으로 보는 한국백년』1을 비롯하여 많은 사진집이나 교재들이 최근까지도 전봉준이 순창에서 체포되어 서울로 압송되는 장면으로 소개하고 있다.[20] 그리고 이러한 설명은 정설이 되어 국정교과서를 비롯한 온갖 교재에 인용되었다.[21] 사진 설명문을 작성함에 원출처를 전혀 추적하지 않고 장면 자체만 보고 판단한 데 따른 오류였다.[22]

심지어는 고증(考證)의 부재로 인해, 친일파 단체인 일진회(一進會)가 주도했던 행사가 독립협회가 주도한 행사로 둔갑하기도 하였다. 〈그림 6〉은 실제로『사진과 그림으로 보는 한국의 역사』3의 사진과 설명문으로 이 경우에 해당한다. 특히 이들 사진과 설명문은 서문당 사진집에 수록된 사진과 설명문을 그대로 인용하였다.

---

[19] 김문자 지음, 김승일 역, 2010『명성황후 시해와 일본인』, 태학사, 381~385쪽

[20] 동아일보사, 앞의 책, 92쪽 ; 우윤, 1992『전봉준과 갑오농민전쟁』, 앞머리 그림, 창작과비평사, 1992 ; 역사문제연구소, 1993 앞의 책, 55쪽

[21] 이와 관련하여 金文子는 관련 기사를 근거로『한일병합사』를 비롯하여 많은 사진집들에서 전봉준의 首級으로 설명한 사진도 농민군 지도자 최재호, 안교선의 머리임을 주장하였다. 신기수 엮음, 이은주 옮김, 앞의 책, 22쪽 ; 김문자, 앞의 책 참조.

[22] 현재까지 파악한 바에 따르면, 압송 장면을 보여주는 사진은 아니지만 전봉준의 얼굴만 따로 떼어내서 수록한 지면은『東亞日報』1933년 10월 11일자이다. 따라서 이 사진은 많이 유포되었던 것으로 추정된다. 이후 전체 압송 장면은 金庠基, 1975『東學과 東學亂』, 한국일보社, 153쪽에 수록되어 있다.

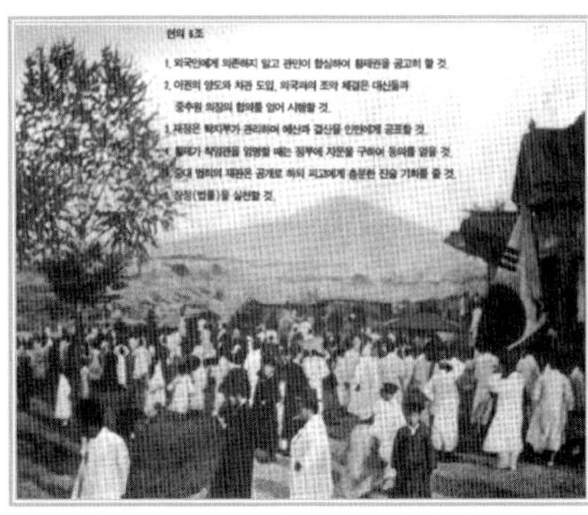

〈그림 6〉 독립관에 모여든 민중들
출전 : 역사문제연구소, 1993 『사진과 그림으로 보는 한국의 역사』 3, 웅진닷컴, 73

〈그림 7〉 독립관에 모여든 민중들
출전 : 김한종 외, 2003 『한국근·현대사』, 금성출판사, 109쪽

그러나 이순우는 이 사진이 독립협회의 강연회에 모여든 군중들의 모습이 아니라 1905년 일진회 주관의 국민연설대(國民演說臺)에 모인 군중의 모습이라고 주장하고 있다. 그 근거로 이 사진의 원판으로 조지 래드의 『이토 후작과 더불어 한국에서』(1908)와 함께 당시 『대한매일신보(大韓每日申報)』와 『황성신문(皇城新聞)』의 관련 기사, 태극기가 걸려 있는 국민연설대의 존재 등을 들었다.[23]

----

[23] 이순우, 2010 『통감관저, 잊혀진 경술국치의 현장』, 하늘재, 104~108쪽

즉 그는 『대한매일신보』의 해당 기사와 우측 끝에 보이는 건물이 독립관 옆 일진회 본부 건물의 하나인 국민연설대라는 점을 근거로 들어 이 사진의 군중은 독립관에 모인 독립협회 회원들이 아니라 1905년 이후 일진회 주관의 국민연설대에 모인 시민들로 보아야 한다고 고증하였다.[24] 그럼에도 불구하고 이 사진 역시 2009년 교육과정에 입각하여 집필된 『고등학교 한국사』에 여전히 독립협회 운동과 관련하여 수록되어 있다.[25]

이처럼 전거가 분명하고 설명이 정확한 사진을 수록해야 할 개설서와 교과서에 엄격한 고증을 거치지 않은 사진이 수록된 셈이다. 이는 애초에 이를 수록했던 사진집의 오류에서 비롯되었다. 그러나 이를 제대로 검증하지 않은 학계의 소홀함도 반성할 필요가 있다.

그렇다면 이러한 문제점을 왜 지금에서야 알게 되었는가. 이는 그동안 역사사진(歷史寫眞)에 대한 관심이 없었기 때문이다. 즉 이전만 하더라도 개설서나 교과서에 사진들이 매우 적게 실려 사진에 대한 사료 비판을 가할 필요가 없었다. 그러나 현재는 이들 사진을 대거 교재에 수록함에도 미처 문자 자료와 달리 사료 비판이 수반되지 않았다. 문자 자료의 경우, 매우 엄격한 고증 작업을 거치는 데 반해, 사진의 경우 전거가 불충분함에도 불구하고 이를 수행하지 않았던 셈이다. 아울러 문자 자료가 전할 수 없는 역사의 생생함을 전달할 수 있다는 장점에 비중을 둔 가운데 출판계가 일반 대중들의 관심에 부응하려는 상업적 타산도 여기에 한몫을 하였다.

다음은 설명문이 없는 가운데 필자나 편집자의 착각에서 비롯된 오류

------

24) 2007년 5월 29일에 발표한 '근대 전기(1867~1910) 서양인들이 남긴 한국에 대한 이미지 자료'에 관한 발표회. 이순우, 위의 책, 103쪽 참조.

25) 이인석 외, 2011 『고등학교 한국사』, (주)삼화출판사, 179쪽 ; 한철호 외, 2011 『고등학교 한국사』, (주)미래앤컬처 그룹, 167쪽

이다. 〈그림 8〉은 서중석의 『사진과 그림으로 보는 한국 현대사』에 수록된 사진이다.[26] '건준 모임에서 연설 중인 여운형'으로 제목을 뽑고 "조선건국준비위원회는 빠른 시일 내에 자주적인 국가를 건설하기 위해 적극적으로 건국활동을 벌여나갔다"로 설명하고 있다.

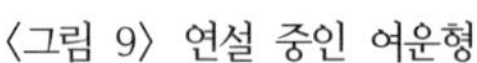

〈그림 8〉 건준 모임에서 연설 중인 여운형
출전 : 서중석, 2005 『사진과 그림으로 보는 한국 현대사』, 웅진지식하우스, 26쪽

〈그림 9〉 연설 중인 여운형
출전 : (사)몽양여운형선생기념사업회 홈페이지 www.mongyang.org, 2009.7.9

---

26) 서중석, 2005 『사진과 그림으로 보는 한국 현대사』, 웅진지식하우스, 26쪽

여기서도 이 사진의 전거를 밝히고 있지 못하다. 다만 이 사진이 사단법인 몽양여운형선생기념사업회의 홈페이지 자료실에 올라와 있는 것으로 보아 이 사진을 사용한 것으로 보인다.[27] 또한 이 홈페이지는 〈그림 9〉와 같이 배경을 좀더 좁게 잡은 사진도 올라와 있다. 이 사진의 상단 선언서 끝을 자세히 보면 단체명이 흐리지만 '건국준비위원회(建國準備委員會)'가 아닌 '건국동맹(建國同盟)'이라는 글자로 보인다. 또한 중단의 제목은 '건국동맹정책(建國同盟政策)'이라고 명기되어 있다. 이는 이 모임이 해방 이전 건국준비위원회의 모태였던 건국동맹의 모임이 아니라 1945년 9월 건준이 해체되고 인민공화국이 성립된 이후 여운형이 정당 차원에서 결성한 건국동맹임을 확인해 준다.[28] 건국동맹은 10월에 신탁통치를 반대하였으며 11월 12일에 조선인민당(朝鮮人民黨)으로 개칭하였다.[29] 이 점에서 이 사진은 건국동맹의 창당과 관련된 집회의 사진으로 추정된다.

이처럼 한국근현대사에서 중요한 사건을 담고 있는 사진들은 촬영 일시, 장소 및 촬영자의 불명으로 인해 고증하기 힘들다. 더욱이 사료비판을 가하지 않은 채 근거 없는 추정만 이루어졌다.

다음 사진 내적인 문제를 살펴보자. 이는 크게 사진 조작과 이미지 왜곡 문제로 나누어 볼 수 있다.

ⅰ) 촬영자가 의도적으로 사진을 조작한 경우이다. 여기에는 사진을 합성하거나 연출하여 사진을 촬영한 경우가 포함된다.

우선 사진을 합성하여 조작한 경우로 〈그림 10〉의 고종황제 가족사진

----

[27] (사)몽양여운형선생기념사업회 홈페이지 www.mongyang.org, 2009.7.9

[28] 『자유신문』 1945년 11월 7일

[29] 『중앙신문』 1945년 11월 12일. 이와 관련하여 정병준, 1995 『몽양여운형평전』, 한울, 163~164쪽 ; 이정식, 2008 『여운형, 시대와 사상을 초월한 융화주의자』, 서울대학교출판부, 564~565쪽 참조.

은 이를 잘 보여준다. 상단 왼쪽 세 번째 인물이 영친왕(英親王)으로서 시선이 다른 인물의 시선과 달리 사진기를 향해 있지 않을뿐더러 그 위치도 다른 인물들의 간격과 달리 매우 좁은 사이에 있다. 또한 사진에 보이는 덕혜옹주(德惠翁主, 1912년생)의 나이와 영친왕(1897년생)의 나이를 비교하고, 영친왕의 귀국 시점(1918)에 비추어 보았을 때 영친왕과 덕혜옹주가 너무 어리게 보인다.[30) 이 점에서 이 사진은 1915년경에 찍은 사진으로 국내에 존재하지 않았던 영친왕의 사진을 여기에 합성시켰다고 볼 수 있다.

그러면 일제는 왜 이처럼 사진을 조작해야 했는가. 그것은 당시 국제정세에서 유추해 볼 수 있다. 1910년 일제의 대한제국 강점 이후 미·일 관계와 영·미 관계는 이전과 달리 중국·만주 문제를 둘러싸고 불편하기 시작하였다. 즉 일본이 대한제국을 강점하는 데 그치지 않고 만주를 실질적으로 경영하면서 이에 대한 영·미 양국의 불만이 어떤 형태로든 한국문제 처리에 영향을 미칠 가능성이 높았다. 러시아도 일제의 대한제국 강점을 공식적으로 수용하였으나 비공식적인 차원에서는 상당히 감정적인 대응을 보였다.[31) 그리고 이는 1910년대 한반도를 둘러싼 구미열강과 일본의 갈등을 예고하였고 실제로도 그런 방향으로 전개되었다. 특히 일제가 제1차 세계대전 중에 중국에 '21개조 요구'를 제시함으로써 영·미의 대일(對日) 경계심을 돋구었다.[32) 따라서 일제로서는 구미 열강의 한반도 인식에 신경을 곤두세우는 가운데 구미 열강이 일제의 조선 통치에 간섭할 여지를 줄이기 위해 조선 황실 가족의 단란한 모습을 보

---

30) 이순우, 앞의 책, 213~220쪽
31) 구대열, 1995 『한국국제관계사 연구 1 : 일제시기 한반도의 국제관계』, 역사비평사, 113~125쪽
32) 현광호, 2010 「국권상실 전후 시기(1905~1918) 동아시아 국제정세의 변동과 한민족의 국권회복운동」 『한국문화』 52, 300~305쪽 참조.

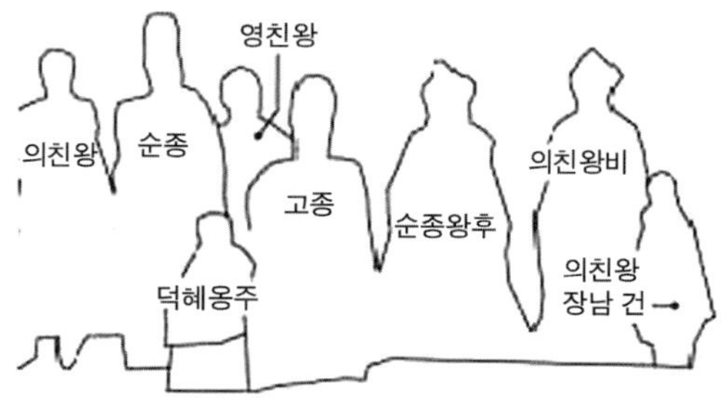

〈그림 10〉 고종 일가의 가족 사진(필자 주)

출전 : 『東亞日報』 2004년 5월 6일

여주고자 했다. 결국 이 사진은 이런 국제 정세와 역사적 맥락 속에서 일제에 의해 조작되어 세상에 나오게 된 것이다. 이처럼 사진 중에는 촬영자나 지시자의 정치적 의도에 맞추어 조작되는 일이 왕왕 이루어졌다.[33]

---

[33] 사진의 조작은 정치적 이해관계에 부합되어 이루어졌다. 이에 관해서는 지젤 프로인트 지음, 성완경 옮김, 2006 『사진과 사회』, 눈빛, 173~192쪽 참조.

ii) 편집자가 사진을 편집하는 과정에서 착오로 오류를 범하는 경우이다. 이는 사진에 대한 몰이해라든가 해당 지역과 사건에 대한 착각에서 빚어졌다. 〈그림 11〉은 동일한 배경의 사진을 둘로 나누어서 편집한 사진인데 이후 편집자가 실수로 전혀 별개의 사진으로 나누어 수록하고 있다.

〈그림 11〉 군산항의 미곡 선적(필자 주)

출전 : 山本三生 編輯代表, 1930 『日本地理大系』 제12권 朝鮮篇, 改造社, 141~142쪽

〈그림 12〉와 〈그림 13〉을 〈그림 11〉과 비교할 때 배경이 연결된 사진을 좌우로 이등분하여 상하로 배치함과 동시에 별도의 설명을 부기함으로써 독자에게 동일한 사진이 서로 다른 사진으로 오인하도록 하였다. 이는 연구자나 독자들에게 군산항의 전체 모습을 볼 수 없도록 만들었다.

iii) 이른바 생생한 내용을 전달하고 극적인 효과를 거두기 위해 연출한 장면을 카메라로 찍어 사실인 양 속인 사진의 경우이다. 〈그림 14〉는 여러 포탈 사이트에 올라왔을 뿐더러 〈그림 15〉와 같이 많은 교재와 교과서에 그대로 수록되었다.

39. 군산항에서의 쌀선적 모습 (1920년대 말)

1899년 5월 1일 개항한 군산은 조선 최대의 쌀 수출항으로, 1929년 당시 군산항의 수출액 34,223,289圓 가운데 쌀 수출액이 33,673,886圓으로 전체 수출액의 98%를 차지하였다. (「日本地理大系」에서)

40. 선적을 기다리는 군산항의 쌀(1920년대 말)

일본으로 쌀을 선적하기 위해 혼잡한 군산항의 모습이다. 당시 충청남도·전라북도에서 생산된 쌀은 금강의 수로(水路)나 호남선 철도에 의해 군산으로 운송되었다. 군산항을 통한 쌀 반출량은 연간 170만석에 이를 정도여서, 당시의 군산항은 마치 전쟁터를 방불했다고 한다. (「日本地理大系」에서)

〈그림 12〉(上)과 〈그림 13〉(下) 군산항의 미곡 선적(필자 주)

출전 : 국립전주박물관, 1998 『옛 사진 속의 전북 1894-1945』, 29쪽

〈그림 14〉 규슈 탄광 조선인 징용자의 낙서(가칭)
출전 : 인터넷과 각종 신문 포탈 홈페이지

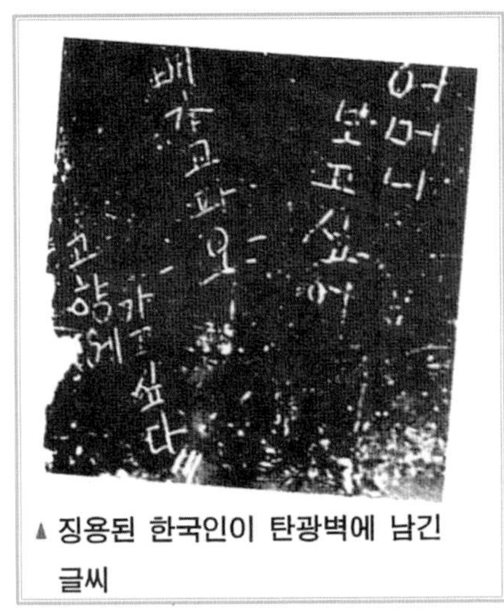

〈그림 15〉 징용된 한국인이 탄광벽에 남긴 글씨
출전 : 주진오 외, 2003 『한국근·현대사』, 중앙교육진흥원, 175쪽

　이러한 사진은 흔하지 않을뿐더러 너무 극적이어서 '사진의 유혹'에 넘어갔을 것이다. 그리하여 많은 이들이 교재에 수록한다든가 개인 홈페이지에 많이 올렸다. 심지어는 중등학교 교과서에도 수록하였다.

　그러나 이 낙서는 "조선총련 산하 단체인 재일본조선문학예술가동맹이 한일수교에 대한 반대 운동의 일환으로 1965년에 제작한 영화 〈을사년 매국노〉를 촬영하는 가운데 연출된 것이다. 이 영화에 강제연행의 흔적을 담기 위해 제작진 4명이 치쿠호 탄광촌에서 현장 촬영을 했다. 그때 폐허가 된 징용공 합숙소에서 제작진 가운데 녹음을 담당한 여성이 나무를 꺾어 벽에 문제의 낙서를 새긴 것이다. 위조 사실을 상세히 밝힌 서일본신문(西日本新聞)의 취재에 대해, 영화 제작진 가운데 한 사람은 당시 폐허가 된 합숙소에서 촬영할 것이 없어서, 제작진이 모두 합의하여 낙서를 새기도록 했으며, 부드러운 필체로 하기 위해 여성에게 쓰도록 했다는 사실을 자백했다."[34] 그 결과 내용의 신뢰도는 물론 역사 교재 자체의 신뢰도를 추락시키면서 일본 극우파의 비판 대상이 되었다.

iv) 편집자가 사진 촬영자의 본래 의도를 모른 채 단지 편의상 수집하여 편집한 뒤 수록한 사진의 경우이다. 즉 촬영자의 의도라든가 역사적 맥락을 파악하지 못하고 주변에서 쉽게 구할 수 있는 사진이어서 교재에 왕왕 수록하는 경우가 많다. 〈그림 16〉 고종의 초상은 국정교과서를 비롯하여 많은 교재와 사진집에서 수록하고 있다. 특히 대한제국 수립과 관련하여 이 사진을 제시하고 있다.

〈그림 16〉은 이경민의 주장에 따르면 황실 전속사진사인 무라카미 텐신(村上天眞)이 1907년 가을 강제 퇴위를 당한 고종을 찍은 사진이다.[35] 그런데 고종이 입은 제복은 당시 대한제국의 외교권이 넘어가고 원수부(元帥府)가 폐지된 상태에서 황제로서 갖추어야 할 대원수(大元帥)의 복장이 아닌 특수복이다. 이후 이 사진은 일제의 각종 사진집에 단골로 수록되

---

34) 金光烈, 2004『足で見た筑豊 : 朝鮮人炭鑛勞動の記錄』, 130~150쪽(최영호, 2005.11.22 「강제징용 조선인 노동자 낙서는 연출된 것」『한일시평』 84에서 재인용)
35) 이경민, 2010『제국의 렌즈』, 산책자, 38~46쪽

었다. 이는 일제가 의도적으로 대한제국 황실의 권위를 낮출뿐더러 대한제국의 주권이 일제에게 넘어갔음을 보여주려는 의도에서 비롯되었다. 그러나 해방 이후 우리나라의 사진집과 교재의 편찬자들은 일제의 이런 의도를 모를뿐더러 대한제국 황제의 격식과도 부합하지 않은 이 사진을 즐겨 수록하였다.

ⅴ) 촬영자나 편집자가 국가나 사회, 계급의 이익을 위해 근대 과학의 힘을 빌어 물상(物像)의 이미지를 재현한 사진의 경우이다.[36] 이는 크게 두 가지로 나누어 볼

〈그림 16〉 고종 황제

출전 : 김광남 외, 2003 『한국근 · 현대사』, 두산동아, 75쪽

수 있다. 하나는 촬영 당시부터 촬영자의 시선, 감정이나 이해를 투영시켜 재현하는 방식이다. 또 하나는 편집자가 편집 과정에서 병치, 나열, 확대, 축소 등을 통해 편집의 의도를 관철시키는 방식이다.

〈그림 17〉은 불이농장주식회사가 경영하는 군산지방의 간척지(干拓地)의 전경으로 일본인의 간척 노력을 돋보이기 위해 촬영했으며 이후 국정

---

[36] 이에 관해서는 캐롤 스콰이어즈, 2001 「사진은 어떻게 국가와 계급의 이익에 부합하는가」, 리차드 볼턴 엮음, 김우룡 옮김, 『의미의 경쟁 : 20세기 사진비평사』, 눈빛 ; 서울대학교 박물관, 2004 『그들의 시선으로 본 근대』; 지젤 프로인트 지음, 성완경 옮김, 앞의 책 ; 테사 모리스—스즈키 지음, 김경원 옮김, 앞의 책, 139~163쪽 참조.

교과서인 『지리(地理)』에 수록되었다.

〈그림 17〉 干拓地(不二拓地)

출전 : 朝鮮敎育會, 1919 『朝鮮資料寫眞』 第52圖

한편, 〈그림 18〉은 일종의 개설서이자 사진집으로서 학자는 물론 일반
인들이 자주 보는 『일본지리대계(日本地理大系), 조선편(朝鮮篇)』에 수록된
사진으로 여기에는 개설적인 설명이 부가되어 있다.[37] 즉 일제 강점기의
사진엽서와 마찬가지로 야만과 문명이라는 이분법적 시각 아래 한국 전
통의 서당과 근대 보통학교가 대비되어 있다.[38]

---

[37] 山本三生 編輯代表, 1930 『日本地理大系 第12卷(朝鮮篇)』, 改造社

[38] 일제강점기 다수의 사진엽서는 조선총독부 또는 민간 출판사가 이른바 식민지개
발론을 부각시키거나 '內鮮融和論'을 뒷받침하는 이미지로 호도하기 위해 제작된
것이다. 여기서는 일제 통치하 진정한 조선의 모습과 조선인의 삶은 존재하지 않
았다. 오히려 일제가 만들어 놓은 근대화된 조선의 조작된 이미지만 존재했을 뿐
이다. 이에 관해서는 권혁희, 2005 『조선에서 온 사진엽서』, 민음사 참조.

教化

宗教と教育

教育

李朝太祖から太宗にかけて定められた教化政策は前朝に懲りて佛教、道教其の他雜祀を排し專ら儒教を以て國民の思想信仰を統一するに在つた。是に於て日本の學校と神社の兩用を兼ねた中央の大學成均館と、各郡の鄕校は、大成殿即孔子廟と明倫堂即學堂とを備へて國の隅から隅へ儒教の教化を普及した。李朝の學制は高麗のそれを承けて官學としては鄕校、四學（京城におかる）と大學の二級制度となし、鄕校、四學の下に私學として諸種の書堂が童蒙教授をしたのである。士流の子弟は六七歳から書堂に通つて千字文、小學、通鑑を習ひ、十五六歳から鄕校、四學に上り、二十歳頃から鄕試に應じ之に合格して生員、進士の科に應じ及第して大學に入り、在學三百日以上にして文科に應へたのであるが後世に至りてはするのである。但し鄕校、四學と大學とは學制上必ずしも聯絡がなく、鄕校、四學に入學せずとも生員、進士の科に及第しさへすれば大學に入ることを得る。又大學に入學せずとも文科に應ずることを得る。而して李朝盛代となるや官職の間に品位の差別が益々甚しくなつて、中央の官職が清要とせられ地方官は輕んぜられ、地方官は概く畢竟塞職なるに外ならぬので、文科に及第した學力文才あり門流貴き者は之に就くを屑しとせさるに至つた。文科に及第した學力文才亦衰微し士大夫の子弟は此に遊ぶを以て却りて恥辱となすに至つた。是に於て支那宋代の先蹤を撫して地方名賢を享祀し兼ねて儒者の藏修し學者の求道問學に應ずる場所たらしむる書院の制度の剏設を見るに至つた。朝廷より額を賜はる書院の濫觴は慶尚道順興の紹修書院で高麗の安珦を祀り明宗五年（一五五一）の事である。爾後各地に書院が濫設せられ正祖朝（一七七七—一八〇〇）には六百五十祠院が數へられ書院が設置せられて教育機關又一種を加へたのであるが後世に至りては

書堂　書堂は李朝時代の普通教育機關であつた書堂は今ほぼ郡邑に比の數中々少くない。昭和四年五月末日の調査では十三道書堂總數一萬四千九百五十七とある。近来書堂の内容も漸次改善せられつゝあり中には改良書堂と稱して扁額を掛け圖畫算術をも教へるものもある。（高裕亨）

普通學校教室　書堂に通ふ題と同じ頃兒童と兒童を教育するもので二者を比較して新…近時向學の熱によりて…通學兒童年々出來る。…昭和四年五月末日調査に官公私立により…して千五百二十二校に及べり上につて…（高裕亨）

〈그림 18〉 전통 교육과 근대 교육(필자 주)

우선 상단의 사진은 조선 후기 서당을 서술하는 지면에 곧잘 수록되었다. 그러나 이 사진은 조선총독부의 이른바 시정(始政) 2주년을 기념하여 제작한 엽서 사진의 일부이다.[39] 주지하다시피 이러한 사진은 일제의 통치를 정당화하고 미화하기 위해 강점 이전 서당과 강점 이후 보통학교를 비교하여 수록한 것이다.[40] 특히, '야만과 문명', '전근대와 근대'라는 이분법적 시각이 반영된 가운데 여학생 수업 사진을 수록함으로써 일제가 여성 교육을 진작시키려 했음을 부각시키고 있다는 점에서 매우 신중하게 다루어야 할 사진이다.

또한 일제의 조선 통치 성과를 홍보하기 위해 제작된 사진집을 그대로 활용하거나 교재에 수록하기도 하였다. 예컨대『일본지리풍속대계(日本地理風俗大系)』와『일본지리대계(日本地理大系)』는 조선총독부, 조선항공연구소와 언론기관인 압강일보사(鴨江日報社) 등이 사진을 촬영, 제공한 사정만 보아도 짐작할 수 있다.[41] 특히 이 사진들이 조선총독부가 시행하거나 하고자 하였던 사업과 관련된 것으로 보아 선별과 배제를 통해 이미 한 차례 걸러진 사진들이다.[42] 즉 이들 사진은 일제 강점 이전과 이후를 비교하며 그들의 통치를 선전하고 미화하는 데 적합한 사진들이다.

끝으로 촬영자가 고의적으로 대상의 이미지를 조작하지 않거나 자신의 의도를 적극적으로 담지 않더라도 사진 자체가 대상을 미화시킬 수

---

[39] 권혁희, 위의 책, 시정 기념엽서, 120쪽 재수록.

[40] 이에 관해서는 서울대학교 박물관, 앞의 책 ; 이가연, 2007「1910년대 조선총독부 발행 (施政)기념 사진엽서를 통해 본 식민지 조선의 이미지」, 동아대학교 석사학위논문 ; 최길성, 2009『영상이 말하는 식민지 조선』, 민속원 참조. 그 밖에 리차드 볼턴 지음, 김우룡 옮김,『의미의 경쟁―20세기 사진비평사』, 눈빛 ; 테사 모리스―스즈키 지음, 김경원 옮김, 앞의 책 참조.

[41] 범선규, 2007「『일본지리풍속대계』와『일본지리대계』(조선편)의 사진이 갖는 자료적 의의와 활용방안」『한국사진지리학회지』17-1, 82~83쪽

[42] 범선규, 위 논문, 87쪽

있다.[43] 반대로 촬영자가 대상의 또다른 진실을 재현하거나 사진 설명을 정확하게 붙이고자 하여도 사진 자체에는 미학적 이미지로 가득 찬다. 그래서 사진 설명은 모든 사진에 내재된 의미의 복수성 탓에 무너진다. 예컨대 20세기 초 미국의 방적공장과 광산에서 착취당하던 어린이들을 찍은 루이스 하인의 사진에서도, 세월의 시험을 더 오랫동안 견뎌낸 것은 제재의 적합성이 아니라 사진의 아름다운 구성과 우아한 원근법이었다. 사진의 미학적 경향 탓에 세상의 고통을 전달하는 매개체로서의 사진은 그 고통을 중화시켜 버린다. 카메라는 경험을 축소하고 역사를 구경거리로 변질시키기 때문이다. 다만 현행 교과서 등에서는 이런 미학적 요소들이 그리 발견되지 않는 까닭에 여기서 실례를 들기 어렵다. 그럼에도 교과서를 비롯한 다양한 교재를 편집하는 과정에서 사진의 이런 속성을 충분히 감안하여 사진의 진실을 제약하거나 호도하는 요소들을 가능한 한 줄일 필요가 있다.

이처럼 현재 국사 개설서나 교과서에 수록되어 있는 사진들은 전거가 불명확하고 설명문이 부실하다. 더욱이 촬영자나 편집자의 손을 빌어 과거 제국주의(帝國主義)라든가 백인(白人)의 시선을 그대로 옮겨와 재현하고 있다. 이는 사진이 가지는 장점을 약화시키면서 오히려 역사를 왜곡할 가능성을 높이는 것이다.

3. 역사 교재에서 사진의 선정·배치와 설명의 허실

사진에 대한 엄격한 비판과 고증을 거쳐도 여전히 남는 문제가 있다.

---

43) 수전 손택 지음, 이재현 옮김, 2005 『사진에 관하여』, 시울, 161~164쪽

즉 이런 사진들 중에서 무엇을 선정하여 어떻게 교재의 지면에 배치할 것인가이다. 이는 사소한 문제로 보일 수 있다. 그러나 수록 사진의 내용에 따라 이를 보는 독자나 학습자는 그 시대와 사건을 다르게 인식할 수 있다. 또한 배치 방식에 따라 독자와 학습자에게 미치는 영향은 매우 다르다.[44] 이 중 일제 강점기의 경우, 일제의 침략을 보여주는 사진은 논란거리가 되지 않지만 독립운동단체의 활동을 보여주는 사진은 좌·우파의 활동에 대한 평가와 관련하여 시비 거리가 될 수 있다. 특히 해방 이후의 경우, 좌우의 대립·갈등이 심각한 데다가 6·25 남북전쟁이라는 동족 상잔의 비극으로 비화하였기 때문에 그러한 논란이 더욱 심각하다.

따라서 해방 이후의 역사를 다루는 서술 내용에서 사진의 선정과 배치를 둘러싼 논란이 조금씩 야기되었다.[45] 이는 좌우대립의 문제가 사진의 선정과 배치에도 영향을 미쳤기 때문이다. 대표적인 사례로 〈그림 19〉와 〈그림 20〉에서 볼 수 있듯이 해방정국에서 반탁과 찬탁을 둘러싼 군중들의 모임의 사진을 들 수 있다.

이 사진의 대부분은 동아일보 편찬의 『사진으로 보는 한국백년』2에 수록된 사진을 인용한 사진이다.[46] 국정 교과서를 비롯한 교재에 수록되어 있는 사진은 여기에 해당한다. 따라서 해방정국기 반탁 시위와 모스크바 삼상회의 결정 지지 시위에 관한 장면은 이 사진을 통해 재현되었

------

[44] 역사 교과서에서 사진의 교육적 효과에 관해서는 지모선, 2009 「역사 교과서 제2차 세계대전 삽화 자료 비교 분석－한·중·일·미·독 교과서를 중심으로－」 『역사교육연구』 9 참조.

[45] 사진 선정과 배치 문제는 교재 집필자의 의도에서 비롯되기 보다는 편집자들이 사진이 희소한 가운데 양호한 사진을 찾는 과정에서 논란거리의 사진을 우연히 수록하기도 한다. 따라서 학계나 일반인들은 사진에 대해서 민감한 반응을 보이지 않았다. 다만 교과서 내용을 둘러싼 논란이 증폭되는 가운데 사진을 둘러싼 논란이 조금씩 일어났다.

[46] 동아일보사, 1978 앞의 책, 346~347쪽

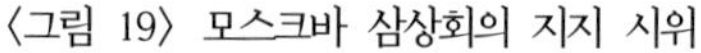

〈그림 19〉 모스크바 삼상회의 지지 시위   〈그림 20〉 신탁통치반대 시위

다. 예컨대 역사학연구소의 『함께 보는 한국근현대사』나 교과서 포럼의 『대안 교과서 한국근·현대사』 등 이른바 진보와 보수를 가리지 않고 이 사진을 활용하여 왔다.[47]

그러나 교과서의 경우는 사정이 달랐다. 금성교과서에 수록된 〈그림 21〉과 〈그림 22〉의 경우, 대표적인 사례이다.[48]

〈그림 22〉를 〈그림 19〉와 비교하면 사진 속 인물들의 모습이 뭉그러져 있음을 확인할 수 있다. 이는 〈그림 19〉를 그대로 제시할 경우, 모스크바 3국 외상 회의 결정 지지 시위 군중이 반탁 시위 군중보다 많게 보

<hr>

47) 역사학연구소, 2004 『함께 보는 한국근현대사』, 서해문집, 279쪽 ; 교과서 포럼, 2008 『대안교과서 한국근·현대사』, 기파랑, 139쪽
48) 김한종 외, 2003 『한국근·현대사』, 금성출판사, 259쪽

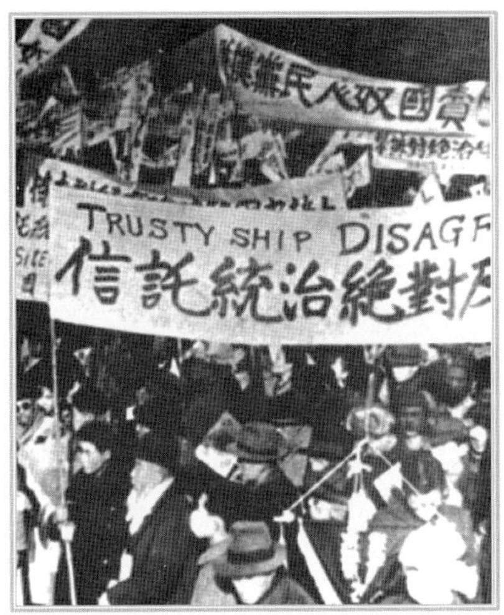

〈그림 21〉 신탁통치 반대운동

〈그림 22〉 모스크바 3국 외상 회의 설정
지지 시위

여 학생들이 오해할 수 있다는 검정심의위원의 지적에 따라 사진을 좁게
잡아 변형시켰기 때문이었다. 일반인을 대상으로 한 개설서의 경우, 무
심코 지나칠 사진이 교과서의 경우에는 매우 민감하게 반응한다는 점을
보여준다 하겠다. 그래서 일부 교과서는 모스크바 삼상회의 결정 지지
시위 사진은 제시하지 않고 오로지 반탁 시위 사진만 수록하기도 하였
다. 그러나 이러한 지적은 이후에도 일관되게 적용되지 않았다. 2009년
개정 고등학교『한국사』의 경우, 심의를 통과한 검정교과서의 다수가 동
아일보 편찬 사진집에 수록된 사진을 그대로 수록하고 있다.[49]

이러한 사례는 6·25 남북전쟁 이후 양쪽의 피해를 생생하게 보여주는
사진의 경우에서도 발견된다. 즉 7차 교육과정기 대다수의『한국근·현

---

[49] 한철호 외, 2010『고등학교 한국사』, (주)미래앤컬처그룹, 299쪽 ; 이인석 외, 2010
　　『고등학교 한국사』, 삼화출판사, 306쪽 ; 도면회 외, 2010『고등학교 한국사』, 비상
　　교육, 313쪽

대사』교과서들은 서울과 평양의 피해 모습을 보여주는 사진을 배치하였다.[50] 〈그림 23〉은 금성출판사의 『한국근·현대사』에 수록된 해당 사진이다.[51]

이 사진은 남북이 공히 전쟁으로 많은 피해를 입었음을 보여주고 있다. 그러나 모든 교과서가 남북한의 피해를 보여주는 사진을 수록하지는 않았다. 천재교육의 경우, 남한의 피해 사진만을 수록 배치하였다.[52] 두산은 남북한 모두 파괴 장면을 수록하지 않고 피해 상황만 도표로 제시하였다.[53]

이와 같이 사진 선정과 배치에는 집필자의 의도가 의식적이든 무의식적이든 담겨 있다. 나아가 사진 선정과 배치를 둘러싼 논란이 교과서 집필자에 국한되지 않고 사회 정치적 환경에 음으로 양으로 영향을 받고 있다.

이러한 사정은 외국 교과서의 경우에도 마찬가지로 나타나고 있다. 특

〈그림 23〉 전쟁으로 파괴된 서울(위)과 평양(아래)

<ol start="50">
<li>김한종 외, 앞의 책, 325쪽 ; 주진오 외, 2003 『한국근·현대사』, (주)중앙교육진흥연구소, 291쪽</li>
<li>김한종 외, 앞의 책, 325쪽</li>
<li>김흥수 외, 2003 『한국근·현대사』, 천재교육, 283쪽</li>
<li>김광남 외, 2003 『한국근·현대사』, (주)두산, 280~281쪽</li>
</ol>

히 전쟁 및 폭력과 관련된 사진에서 두드러진다.

〈그림 24〉는 동경서적(東京書籍)이 출판한 일본사 교과서에 수록된 사진과 서술 내용이다.[54] 여기서는 일본군의 침략 사진은 넣지 않고 미군의 원자폭탄 투하에 따른 히로시마(廣島)의 폐허를 보여주는 사진과 오키나와(沖繩)전에서 부상당한 소녀의 참상 사진을 수록하고 있다.

일단 히로시마의 피폭 참상을 보여주는 사진의 크기가 다른 사진에 비해 매우 크다. 그것도 상단 전면에 배치함으로써 전쟁의 참상을 알리기보다는 일본인의 피해를 강조하는 듯한 느낌으로 다가온다. 물론 이러한 서술과 사진 게재가 인류 차원에서 핵전쟁의 체험이 기억되고 꼭 전달되어야 한다는 소명의식을 담고 있다. 그러나 다른 민족의 수난과 고통을 언급하지 않음으로써 일본인 자신을 가해자에서 피해자로 둔갑시켜 버린다. 예컨대 오키나와전에서 부상당한 여자 어린이 사진을 작은 크기이지만 상세한 설명문을 붙여 전쟁의 피해를 극적으로 전달하고 있다. 반면에 난징학살이나 한국인 의병 탄압, 징용 관련 사진은 거의 수록되어 있지 않다.[55] 이 교과서의 편찬자들은 침략 내용을 본문에서 서술할지언정 침략의 이미지를 남기지 않는 가운데 일본인들의 피해만을 부각시키고자 했기 때문이다.

다만 실교출판사(實敎出版社)가 간행한 『고교일본사(高校日本史)A』의 경우, 〈그림 25〉와 같이 히로시마 원폭 참상과 동경 대공습 사진을 수록하지 않고 '한국인원폭희생자위령비(韓國人原爆犧牲者慰靈碑)' 사진을 수록하고 있다.[56]

---

54) 田邊 裕 외, 2005 『新しい社會 歷史』, 東京書籍, 177쪽

55) 다만 175쪽에 '일본군에 의한 희생자의 기념비' 사진을 수록하면서 싱가포르에서 다수의 중국계 시민들이 살해당했음을 설명문으로 붙이고 있다. 그러나 중간 하단에 조그맣게 수록함으로써 일본인의 피해 이미지를 상쇄시키지 못한다(田邊 裕 외, 위의 책, 175쪽).

56) 宮原武夫 · 石山久男 외, 2009 『高校日本史A』, 實敎出版株式會社, 145쪽

① いっしゅんにして廃墟となった広島

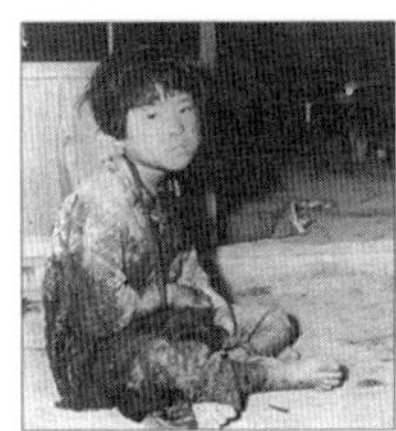

① 沖縄戦で傷ついた子ども

に不足して，戦争を続けられなくなっていきました。

　1945年3月，アメリカ軍は沖縄に上陸し，はげしい戦闘が行われました。沖縄の人々は，子どもや学生をふくめて，多くの犠牲者を出しました。沖縄での戦いのあと，アメリカ軍は，九州に上陸する用意を進めました。同時に連合国は，日本との戦争を終わらせる準備も進め，7月には，日本に無条件降伏を求める**ポツダム宣言**を発表しました。

　さらに，アメリカは，**原子爆弾**を8月6日広島に，9日長崎に投下しました。[*1]その間，ソ連も日ソ中立条約を破って参戦し，満州・朝鮮に進出してきました。このなかで日本は，8月14日，ポツダム宣言を受け入れて降伏することを決定し，15日，天皇は，降伏をラジオ放送で国民に知らせました。こうして，数千万人の死者を出したといわれる第二次世界大戦が終わりました。[*2]日本が占領した東南アジア諸国や，朝鮮，台湾などの日本の植民地が解放され，独立に向かいました。

　この戦争での沖縄県民の犠牲者は，県出身の兵士もふくめると，当時の沖縄県の人口のおよそ4分の1に当たる12万人以上と推定されています。

*1　投下から数年以内に，広島市では約20万人以上，長崎市では約14万人以上の人々の生命がうばわれたと推定されています。
*2　アジア各国の犠牲者は，合計で約2000万人以上といわれています。

177

〈그림 24〉 일본 항복 관련 서술 부분과 사진 배치(필자 주)

ポツダム宣言

六、吾等ハ無責任ナル軍国主義カ世界ヨリ駆逐セラルルニ至ル迄ハ平和、安全及正義ノ新秩序カ生シ得サルコトヲ主張スルモノナルヲ以テ日本国国民ヲ欺瞞シ之ヲシテ世界征服ノ挙ニ出ツルノ過誤ヲ犯サシメル者ノ権力及勢力ハ永久ニ除去セラレサルヘカラス。

八、「カイロ」宣言ノ条項ハ履行セラルヘク又日本国ノ主権ハ本州、北海道、九州及四国並ニ吾等ノ決定スル諸小島ニ局限セラルヘシ。

九、日本国軍隊ハ完全ニ武装ヲ解除セラレタル後各自ノ家庭ニ復帰シ平和的且生産的ノ生活ヲ営ムノ機会ヲ得シメラルヘシ。

十、吾等ハ日本人ヲ民族トシテ奴隷化セントシ又ハ国民トシテ滅亡セシメントスルノ意図ヲ有スルモノニ非サルモ吾等ノ俘虜ヲ虐待セル者ヲ含ム一切ノ戦争犯罪人ニ対シテハ厳重ナル処罰ヲ加ヘラルヘシ日本国政府ハ日本国国民ノ間ニ於ケル民主主義的傾向ノ復活強化ニ対スル一切ノ障礙ヲ除去スヘシ言論、宗教及思想ノ自由並ニ基本的人権ノ尊重ハ確立セラルヘシ。

十三、吾等ハ日本国政府カ直ニ全日本国軍隊ノ無条件降伏ヲ宣言シ且右行動ニ於ケル同政府ノ誠意ニ付適当且充分ナル保障ヲ提供センコトヲ同政府ニ対シ要求ス右以外ノ日本国ノ選択ハ迅速且完全ナル壊滅アルノミトス。

（日本外交年表竝主要文書）

⬆韓国人原爆犠牲者慰霊碑　広島・長崎で被爆した朝鮮人は7万人と推計されている。この碑は平和公園の外側にあったが，1999年，公園内に移設された。広島。

人以上の県民が犠牲になった。こうして沖縄では，県民の4分1にあたるおよそ15万人が命を失うなか，6月末に沖縄守備軍はほぼ壊滅し，沖縄はアメリカ軍の占領下にはいった。

日本の降伏

連合国軍との戦闘で日本軍の敗色が濃厚になったころ，中国戦線では毛沢東（マオツォトン）・朱徳（チュウト）らの指導する中国共産党が解放区を拡大し，アジア各地でも朝鮮人民革命軍や韓国光復軍，ホー＝チ＝ミン指導のヴェトナム独立同盟（ヴェトミン），フィリピンの抗日人民軍（フクバラハップ）などが抗日運動を続けていた。

　1945年2月，米・英・ソの連合国首脳はヤルタ会談をひらき，秘密協定でドイツ降伏後2〜3か月以内にソ連が対日参戦することを決めた。ついでドイツ降伏後の7月，アメリカ・イギリス・中国は3国共同でポツダム宣言を発表し，日本に無条件降伏を求めた。天皇制護持をねらいとして，ソ連を通じて終戦工作を画策していた鈴木貫太郎内閣は，ポツダム宣言を黙殺すると発表した。これに対してアメリカは，8月6日，広島に原爆を投下し，ソ連は8日，日本に宣戦布告して9日に満州・朝鮮に侵入し，関東軍を壊滅させた。この日，長崎にも原爆が投下された。天皇制護持の確証がえられないとして敗戦の決断をのばしていた政府・軍部も，8月14日に無条件降伏し，15日正午から昭和天皇のラジオ放送（玉音放送）という異例の手段で敗戦を国民に知らせた。9月2日，東京湾のアメリカ艦船ミズーリ号上で降伏文書の調印がおこなわれ，アジア太平洋戦争はおわった。1931年からの15年におよぶ戦争（15年戦争）は，（→p.136）大日本帝国の敗戦で幕をとじた。この戦争でアジア・太平洋地域の人々に与えた惨害はじつに膨大で，死者の数は約2000万人をこえ，日本人の犠牲者310万人をはるかにうわまわるものであった。そして精神的，物的被害もこれにまさるものがあった。

❺　ソ連参戦後，住民をおきざりにした関東軍の敗走や，ソ連国境におかれた満蒙開拓団からの引揚げの困難などで，多くの死者と「中国残留日本人孤児」がうまれた。またソ連は満州から60万人以上の軍人・民間人をシベリアなどに連行し，強制労働に従事させた（シベリア抑留）。シベリアからの引揚げは1949年にほぼ終ったが，この間，約6万人にのぼる死者を出した。

❻　アジア太平洋戦争によるアジア諸国の死者の数は，各種の文献および各国政府見解などを総合すると，中国約1000万人，朝鮮約20万人，台湾約3万人，ヴェトナム約200万人（大部分は餓死といわれる），インドネシア約400万人，フィリピン約111万人，インド約350万人（大部分はベンガルの餓死者），マレー・シンガポール約10万人，ビルマ約15万人と推定される。

16　日本の敗戦　**145**

〈그림 25〉 일본 항복 관련 서술 부분과 사진 배치(필자 주)

  사진의 이러한 선정과 배치는 일본인의 피해만 강조하는 기존의 교과
서와 달리 일본인은 물론 조선인을 비롯한 아시아인 전체가 피해자임을
제시함으로써 학생들에게 전쟁의 참극을 알리고자 하였기 때문이다. 이
러한 시도는 사진을 통해 주류(主流)의 역사상(歷史像)을 교정하려는 노력
이다.

  반면에 『독일·프랑스 공동역사교과서—1945년 이후 유럽과 세계—』
에서는 일본 대다수의 교과서와 달리 제2차 세계대전의 참상과 관련하여
〈그림 26〉과 같은 사진[삽화]을 수록하고 있다.57)

  미군이 아시아·태평양 전쟁 기간에 나가사키(長崎)에 떨어뜨린 원폭의

〈그림 26〉 핵시대의 도래와 다시는 이런 일이 없기를

----

57) 페터 가이스·기욤 르 캉트랙 외 지음, 김승렬 외 옮김, 2008 『독일프랑스공동역사
  교과서—1945년 이후 유럽과 세계—』, 동북아역사재단, 24~25쪽

무서움을 소개하는 동시에 바로 옆 면에는 홀로코스트 포스터를 보여주
고 있다. 물론 독일 교과서에서 자기들의 피해 상황을 보여주는 사진을
다수 싣고 있다. 그러나 그들의 범죄 행위도 알리는 사진도 수록한다.
가령 『안네의 일기』를 소개하면서 순진무구한 안네의 얼굴을 보여주거
나 아우슈비츠 수용소의 참혹한 광경을 보여준다.[58]

이처럼 개설서나 교과서에 어떤 사진을 선정하여 어떻게 배치하느냐
에 따라 독자나 학습자가 인식하는 사건의 이미지는 매우 달라진다. 따
라서 이는 독자나 학습자가 특정 삽화 사진에 영향을 받지 않고 총체적
이고 온전하게 당대의 시대상과 사건을 인식할 수 있도록 사진 선정과
배치에 신중을 기해야 한다.

4. 역사사진의 학문적·교육적 효과와 사진 족보 제작

역사사진은 역사 교재에서 활용할 때 많은 제약과 한계를 지니고 있음
은 분명하다. 그러나 촬영자나 편집자의 시각과 의도에 대한 파악과 암
묵적인 해석에 대한 비판을 전제로 한 가운데, 엄격한 사료 비판과 고증
을 거친다면 가장 좋은 사료가 될 수 있다. 왜냐하면 사진은 여전히 흘러
간 과거의 흔적과 이야기를 보존하고 궁극적으로 자신은 물론 이를 둘러
싼 세계의 변화를 생생하게 보여주기 때문이다. 따라서 문자 자료에서
막연하게 파악했던 역사적 사건과 일상생활 등을 연구하는 데 대단히 유
용한 자료이다.

우선 문자 자료에서 막연하게 파악했던 일상생활의 실태를 파악할 수

---

58) Daniela Bender 외, *GESCHICHTE UND GESCHEHEN*, Klett, 2007, p. 133

있다. 〈그림 27〉의 경우, 1922년에 설립된 공주군 귀산 개량서당에서 1936년 2월 개교기념식을 거행하는 장면을 보여준다. 여기서는 전통 시대에 볼 수 없는 풍경들이 고스란히 남아 있다.

무엇보다도 여학생이 매우 적지만 왼쪽 맨 끝에 줄지어 서 있음을 확인할 수 있다. 9명 남짓한 여학생들이 머리를 땋아서 길게 늘어뜨리고 이제 남학생과 같은 공간에 서 있게 된 것이다. 비록 그 숫자는 매우 적지만 한국 여성 교육이 이제야 걸음마를 하기 시작했음을 단적으로 보여준다 하겠다. 또한 60~70명가량 되는 남학생도 비록 교복을 입지 않았지만 검은 교모를 모두 쓰고 있다. 그리고 이들은 나이별로 줄을 맞추어 서 있다. 어린 학생은 자그마한 운동장의 왼쪽 끝줄에, 가장 큰 학생은 오른쪽 끝줄에 서 있는 것이다. 그것도 바람이 칼날 같은 2월경 꿈쩍도 하지 않고 똑바로 줄지어 있어 일제하 교육의 일면을 엿볼 수 있다. 모든 게 통일되고 획일적으로 운영하는 학교의 모습이 여기서도 진솔하게 드러나 있는 것이다. 또한 줄도 구분되고 늘어져 있어 학령 구분 없이 방안

〈그림 27〉 공주 귀산 모범서당 개교 기념식 전경(국가기록원 소장)

에서 개별로 학습하는 게 아니라 과정을 구분하여 학급을 구성하고 다양한 교과목을 가르쳤으리라 쉽게 짐작된다.

교사(敎師)들은 9명이나 보인다. 일반공립보통학교에 비할 수 없지만 당시 2인 이상의 교사가 가르치는 서당이 10% 내외임을 감안할 때, 매우 큰 서당인 셈이다. 이런 정도의 규모라면 단지 수신, 한문 등만 배우는 서당은 아니었다. 여기서는 산술, 일어, 체조, 창가 등 신식교과목도 가르쳤다.[59] 두루마기를 입은 연로 교사들이 대부분인 가운데 제복을 입은 젊은 교사들도 간혹 보이는데 이들 교사가 이런 신식 과목을 맡았을 것이다.

교사(校舍)는 일본식 양옥도 전통 기와 한옥도 아니고 어느 마을에서도 쉽게 볼 수 있는 초가집이다. 그럼에도 가운데는 현관을 두었고, 입구 왼쪽에는 학교 현판이 붙어 있다. 그리고 창문을 설치하여 채광에도 무척 신경을 쓰고 있음을 볼 수 있다. 그 점에서 일본인들이 위생이 엉망이라고 자주 질타했던 전통 서당과는 딴판이었다.

다음 사진 분석을 통해 역사적 사건의 큰 흐름을 함축적으로 파악할 수 있는 실마리를 찾을 수 있다. 〈그림 28〉은 맥켄지가 1907년 11월 경기도 양평에서 직접 촬영한 의병 관련 사진이다. 의병의 모습이 온전하게 나오는 사진은 이것이 유일하다.

그리고 이 사진은 촬영 시점으로 보아 1907년 8월 군대 해산 이후 군인들이 의병에 가담한 모습을 잘 보여준다. 또한 나이 어린 소년이 의병에 가담했음도 확인할 수 있다. 게다가 의병들이 소지한 총기가 무엇인지 추적할 수 있는 실마리를 제공하고 있다. 촬영자가 분명하고 촬영 일시를 남겨 놓은 데다가 군인과 앳된 소년 병사가 보이기 때문에 이러한

---

[59] 개량서당에 관한 최근 연구로는 朴種善, 1999 「日帝 强占期(1920~1930년대) 朝鮮人의 書堂改良運動」 『歷史敎育』 71 ; 金炯睦, 2005 「일제강점기 초기 改良書堂의 기능과 성격」 『史學硏究』 78 참조.

〈그림 28〉 영국 기자 멕켄지가 촬영한 의병 부대의 모습(경기도 양평, 1907년 11월경 촬영)

출전 : F. A. McKenzie, The Tragedy of Korea, E. P. Dutton & Co., New York, 1908

추정이 가능하다. 이처럼 사진은 문헌자료가 전하지 못하는 당시의 모습을 생생하게 보여주고 있다. 특히 이런 사진을 당시 관련 기사와 연계하여 검토하면 문헌 자료에서 확인할 수 없었던 풍부하고 다양한 모습을 복원할 수 있다. 이처럼 전거가 분명한 경우는 활용의 폭이 넓다.

제3자가 촬영한 사진은 아니지만 일제 스스로가 기념하기 위해서 사진집으로 제작한 경우가 있다. 〈그림 29〉가 그것이다. 예컨대 호남의병장들의 면모를 파악할 수 없는 가운데 김의환이 1987년 일본 고서점에서 구입한 『남한폭도대토벌기념사진첩(南韓暴徒大討伐紀念寫眞帖)』은 이들 의병장의 모습을 확인할 수 있는 사진을 수록하고 있다. 그동안 이 사진들이 발굴되지 않은 것은 항일의병 탄압에 종사한 일본 고급장교들이 '한국임시파견대(韓國臨時派遣隊)' 이름으로 극히 제한된 부수를 만들어 그들만이 비장했기 때문이다.[60] 특히 이들의 가슴에서 각자의 번호가 부착되고 명단이 설명문에 들어가 있어 그들의 신원을 확인할 수 있다.

---

60) 김의환, 1987 「『南韓暴徒大討伐紀念寫眞帖』 해설」 『民族文化論叢』 8

〈그림 29〉 호남 의병장의 모습(필자 주)

출전 : 山本誠陽 編輯 兼 發行, 1910 『南韓暴徒大討伐紀念寫眞帖』

그러나 전거의 불분명으로 활용하지 않는 경우도 만만치 않다. 〈그림 30〉의 경우, 서문당에 실린 사진으로 '1905년, 서울 남산에서 훈련이라는 명목으로 대포를 배치, 위협시위를 하고 있는 일본군'이라고 기술되어 있었는데[61] 이후 일각에서는 '을사늑약과 관련하여 남산에서 위협 사격하는 일본군'의 모습이라고 추정하기까지 하였다. 그래서 이 사진은 신뢰할 수 없다고 하여 을사늑약 관련 사진에서 제외되었다. 『미래를 여는 역사』의 경우, 필자는 이 사진의 근거를 찾을 수 없어 결국 수록하지 못했다.[62]

---

[61] 서문당, 앞의 책, 49쪽

[62] 『미래를 여는 역사』의 해당 지면에는 사진은 수록되지 못하고 의병 봉기 지역과 신분·직업별 분포도만 수록되었다. 한중일3국공동역사편찬위원회, 2005 『미래를 여는 역사』, 한겨레신문사, 78~79쪽

〈그림 30〉 러일전쟁기 일본군의 대포 사격 연습

〈그림 31〉 경성에서 아군의 연습

출전 : 『韓國寫眞帖』(1905.6, 국립중앙도서관 소장)

그런데 1905년 6월 20일 사이키 히로시(齋木寬直)가 펴낸『한국사진첩(韓國寫眞帖)』(博文館, 東京)에서 〈그림 30〉과 동일한 사진을 찾을 수 있었다(〈그림 31〉). 여기에 첨기되어 있는 발행 일자와 설명문을 통해 1905년 6월 이전에 일본 포병대대가 서울 왜성대에서 대포 사격을 연습하고 있음을 확인할 수 있다. 따라서 이 사진은 1905년 11월 을사늑약과 직접적으로 관련이 없는 사진임에는 분명하다. 그러나 일제가 러일전쟁 중에 궁궐 밖에 대포 사격을 가함으로써 서울 시민들에게 공포와 두려움을 안겨 주었음을 확인할 수 있다. 따라서 이러한 점들을 충분히 숙지한 뒤 적절하게 활용할 필요가 있다.

다음 문자 자료와 비교하여 사진 자료를 꼼꼼히 분석하면 사진 자료의 사료적 가치를 높일 수 있다. 〈그림 32〉는 이를 잘 보여준다.

〈그림 32〉 역시 철도 부설 방해냐 철도 파괴냐 하는 논란이 있었다. 그러나『한국사진첩』을 통해 '철도선로방해자'를 사형시키는 장면임을

〈그림 32〉 일본의 침략에 항거하여 철도를 파괴한 죄로 처형되는 3명의 한국인
(『르 크로와 일뤼스트레』, 1905.5.21)

알 수 있다(〈그림 33〉). 물론 촬영 각도가 다르고 총살자의 모습이 달라 동일 사건임을 확신할 수 없다. 그러나 당시 일본이 철도를 파괴하거나 철도선을 방해하는 의병들을 사형에 처했음을 확인할 수 있다. 아울러 일본인들은 이런 사진들을 공개함으로써 한국인들이 공포감에 떨도록 하였음을 짐작할 수 있다.

특히 〈그림 32〉는 국가보훈처의 연구에 따르면, 여기서 총살을 당하는 의병은 김성삼, 이춘근, 안순서라는 인물로 1904년 9월 21일 군법회의에서 사형을 언도받은 후 곧바로 공덕리 야산에서 처형당한 것으로 파악하고 있다. 또한 대한제국 정부가 이 사건을 문제 삼음으로써 한국 측 문헌에 남아 있게 되었다.[63] 그리고 이들 의병이 활약했던 행위도 파악할 수

〈그림 33〉 철도선로 방해자의 사형 집행

---

[63] 당시 대한제국 정부는 漢城府判尹 金奎熙의 報告書內 "日本兵站司令部가 日本軍用鐵道를 龍山 부근에서 방해한 韓人 金聖三, 李春勤, 安順瑞를 총살하였다"고 하는데, 설령 軍法을 違犯했다하더라도 犯科한 이유를 我政府에 會辦하여 처벌함이

있다. 즉 이들 의병은 고양(高陽) 귀룡고지(歸龍古地)에서 군용철도(軍用鐵道)에 쓰이는 보인도를 전회범과(轉回犯科)한 일로 체포되어 총살을 당한 것이다. 따라서 이런 내용을 사진 설명문에 담아야 할 것이다.[64] 이는 사진 자료가 지니는 한계를 문자 자료를 통해 보완하는 동시에 문자 자료가 가지는 한계를 생생한 사진을 통해 보완함으로써 그 효과를 증대시킬 수 있음을 보여준다.

아울러 시기는 다르나 배경이 유사한 사진을 수집하여 비교하면 역사 현장의 변화를 추적할 수 있다. 이사벨라 버드비숍의『한국과 이웃 나라들』에 수록되어 있는 〈그림 34〉, 호너 B. 헐버트 의『대한제국의 멸망』에 수록되어 〈그림 35〉 및 E.J. 해리슨의『바이칼의 동쪽, 평화냐 전쟁이냐』에 수록되어 있는 〈그림 36〉은 이를 잘 보여준다.[65] 홍순민 팀에 따르면 이 사진은 전차 개통 시점, 성곽 모습, 도로 가옥 형태 등을 감안하면 각각 1898년, 1899 12월~1900년 7월 사이, 1900년 7월 이후~1907년 10월 이전으로 보아야 한다는 것이다.[66] 이를 통해 광무정권이 추진했던 전차 부설 사업과 서울 개조 사업의 변화를 추적할 수 있는 단서를 발견할 수 있다.

人命愼重과 友邦篤誼에 타당할 것이라는 照會를 보냈다(『內部來去文』, 照會. 제57호, 발신자: 宮內府大臣臨時署理扈衛隊摠管署理內部大臣 陸軍副將 李容泰/外部大臣 李夏榮, 1904년 10월 3일).

[64] 日本尉官 1名이 인솔하는 8명의 憲兵이 阿峴 거주 金聖三, 楊州 거주 李春勤, 新水鐵里 거주 安順瑞 등 3人을 孔德里에게 礮殺하다. 이들은 軍用鐵道에 妨害를 하였었다(『皇城新聞』 光武 8年 9月 22日).

[65] 〈그림 34〉와 〈그림 35〉는 홍순민 외, 앞의 책, 14쪽 재수록 ; 〈그림 36〉은 홍순민 외, 앞의 책, 16쪽 재수록

[66] 홍순민 외, 앞의 책, 15~17쪽

〈그림 34〉 숭례문

출전 : Isabella B. Bishop, Korea and Neighbour vol. Ⅱ, 1898

〈그림 35〉 서울의 숭례문

출전 : Homer B, Hulbert, The Passing of Korea, 1906

〈그림 36〉 숭례문

출전 : E.J. Harrison, Peace or War, East of Baikal, 1910

　현재 많은 사진들이 발굴의 순간을 기다리고 있다. 이 중에는 여느 가정집 사진첩에 수록되어 있는 까닭에 지방자치단체가 지역의 역사를 편찬하는 과정에서 많이 발굴되었다. 그러나 여전히 발굴의 손길이 미치지 못하고 있음도 현실이다. 또한 일본인과 서양인들이 제작한 사진집과 사진엽서 등도 외국에 소개되고 있으며 그 분량도 만만치 않다. 이런 류의 사진과 사진집도 속히 발굴하거나 수집해야 할 것이다.

　그러나 무엇보다도 발굴·수집과 함께 정리가 필요하다. 물론 현재 생산되고 있는 사진에 대한 정리는 말할 나위도 없다. 아울러 이와 함께 현재 각 도서관에 소장되어 있는 사진집들을 정리할 필요가 있다. 이 중에는 조선총독부가 출간한 『조선총독부재직기념사진첩(朝鮮總督府在職紀念寫眞帖)』, 『공진회기념사진첩(共進會紀念寫眞帖)』 따위의 사진집들이 대종을 이룬다. 촬영·편찬의 의도가 대단히 정치적임에도 불구하고 이들 사진도 사료 비판을 거치고 문자 자료와 대조하여 검토한다면 중요한 사료로 거듭날 수 있다. 나아가 이런 사진 자체가 당시 촬영자나 편집자들의 의도를 여실히 담고 있어 이 시기 일제의 정치 선전과 이미지 만들기 등을 파악할 수 있다. 그리고 일제나 어용 기관에서 간행한 『조선(朝鮮)』 같은 잡지라든가 구관제도(舊慣制度) 조사자료 중에서 중요 사진을 추출할 수 있다. 이를 통해 조선총독부 사업에 참여한 인물, 관련 건물, 사업의 실태 등을 파악할 수 있다. 〈그림 37〉과 〈그림 38〉은 『1927년 조선총독부 재직기념사진첩(朝鮮總督府在職紀念寫眞帖)』에 수록되어 있는 사진으로 1927년 당시 조선사편수회(朝鮮史編修會)의 이나바 이와키치(稻葉岩吉)와 홍희(洪熹)의 모습을 보여준다.

〈그림 37〉 稻葉岩吉

〈그림 38〉 洪熹

또한 신문에 수록되어 있는 사진들도 유의해야 할 자료들이다. 비록 신문 사진이라 상태는 좋지 않지만 여타 자료와 비교하여 검토한다면 좋은 사료로 거듭날 것이다.[67]

---

[67] 新聞寫眞과 관련하여 崔仁辰, 1992 『韓國新聞寫眞史』, 열화당 참조.

따라서 이런 역사사진은 단계별로 정리할 필요가 있다. 개별 사진과 문자 자료의 관계, 사진과 사진 사이의 관계, 사진집과 개별 사진의 관계 등을 염두에 두면서 전거를 분명히 달고 설명문을 대폭 보완해야 한다. 이는 일종의 사진 족보 제작이라 하겠다. 그러한 점에서 서울대학교 중앙도서관 소장 구관도서와 규장각에 소장되어 있는 단행본과 개별 문서 속의 사진들을 적극 검색하여 정리할 필요가 있다. 개별 사진의 목록 정리, 그리고 전거 표기와 설명문 붙이기 및 디지탈화를 통한 사진 자료의 유통과 공유 등이 반드시 수반해야 할 작업임은 말할 나위도 없다. 나아가 이들 사진을 전산상에서 분류하여 주제별로, 사건별로 검색할 수 있는 데이터베이스가 구축되어야 한다. 이런 작업은 역사사진에 대한 비판 작업에서 발생하는 불필요한 낭비와 불신감을 줄임으로써 고스란히 학문적 성과로 연결될 것이다.

한편, 사진 족보의 정리와 체계화는 역사 사진의 활용 폭과 대상 범위를 확대할 수 있는 길을 열어준다. 우선 이처럼 엄격한 사료 비판을 거쳐 나온 사진들은 전거가 분명하고 설명문이 정확하므로 강의자가 신뢰하여 폭넓게 활용함으로써 수강생들의 이해도를 높일 수 있다. 다음 국사 개설서와 교과서의 경우도 편찬자와 집필자들이 이들 사진을 믿고 활용할 수 있으므로 그 활용 폭이 넓어지고 지면은 풍부해질 것이다. 이는 일반 대중과 학생들이 우리 역사를 체계적이고 흥미롭게 학습함과 동시에 생생한 역사적 현실로 인식할 수 있는 계기로 작용할 것이다. 이 점에서 문서 아카이브즈와 함께 역사 사진 족보 제작을 비롯한 사진 아카이브즈 작업을 활성화해야 하는 이유가 여기에 있다.

5. 맺음말

근래에 국사개설서와 교과서에는 많은 사진들이 수록되어 있다. 이는 사진 자료가 학습자와 일반 독자에게 역사의 생생한 장면을 제공함으로써 문자 서술의 가독성(可讀性)을 높이고 학습의욕을 유발할 수 있다는 장점 때문이다.

그러나 이러한 장점을 제약하는 요소도 만만치 않다. 이는 단적으로 개설서와 교과서에도 그대로 적용된다. 요컨대 전거가 분명하지 않는 데다가 설명문이 부실하고 정확하지 못해 신뢰도를 떨어뜨리고 있다. 아울러 사진 자료에 본래 담겨 있던 촬영 의도와 이미지를 간과한 채 무비판적으로 활용하는 경우도 보인다. 그리고 교재에 수록할 때 사진의 선정과 지면 배치에 대한 체계적인 검토가 수반되지 않아 오히려 사진이 본문 내용의 장식물이 되거나 반대로 호도된 이미지를 재현하기도 한다.

따라서 이러한 제약 요소의 비중을 줄이고 진본성(眞本性)을 높이기 위해서는 문자 자료와 마찬가지로 사료 비판이 수반되어야 한다. 크게 외적 비판과 내적 비판으로 구분할 수 있다. 즉 여기서는 문자 자료와 달리 사진 자체인가 아니면 사진에 대한 설명문과 같은 외적인 문제에 초점을 두는가에 따라 각각 내적 비판과 외적 비판으로 규정할 수 있다.

우선 외적 비판은 설명문의 오류를 시정하거나 부실한 내용을 보완하는 일이다. 내적 비판은 촬영자나 편집자의 의도와 시선을 충분히 감안하면서 조작된 사진의 원모습을 복원하거나 만들어진 이미지의 효과를 최대한 감쇄시키는 일이다.

또한 사진과 문자 자료의 관계에서도 많은 문제점을 지니고 있다. 이는 사진의 선정과 배치에서 단적으로 드러난다. 편집자가 외부의 이해관계에 종속되거나 스스로 대변함으로써 사진의 진실을 호도하거나 특정의 주의 주장을 시각적으로 부각시키기도 한다.

그러나 사진은 이러한 제약과 한계에도 불구하고 자체의 장점이 만만치 않기 때문에 학문적·교육적으로 활용할 필요가 있다. 그것은 역사적 사건의 단서를 찾는다거나 문자 자료에서 파악할 수 없는 일상생활 등을 복원하고자 할 때 가장 적합한 시각 자료이기 때문이다.

따라서 사진의 활용도를 높이기 위해서는 진본성을 확인하는 작업과 함께 사진 아카이브즈라 할 사진 족보의 제작이 필요하다. 특히 정체 불명의 사진과 조작된 사진이 난무하는 인터넷 상용 시대에 더욱 절실하다.

이인재

연세대 역사문화학과

1. 서론

한국박물관 개관 '백주년' 기념특별전(2009.9.29~11.8)의 일환으로 유명한 안견의 '몽유도원도'가 국립중앙박물관 기획전시실에 전시되자, 수많은 사람들이 적게는 세 시간, 많게는 대여섯 시간이나 줄을 서서 기다린 다음 '1분' 정도 '허가'를 받아 관람하였다. 필자도 하루 날을 잡아 박물관 동·서관 사이에서 계단으로 잘려진 하늘을 감상하면서, 그리고 머릿속으로 그림의 형상을 기억해 보려고 애쓰면서 3시간 20분 정도의 시간을 보낸 다음 정확히 1분 관람하였다. 필자를 포함한 수많은 사람들이 같이 전시되는 가치 있는 전시물들을 포기하고 오랜 시간 긴 행렬에 동참하고자 마음먹은 데에는 그 그림이 '타국살이' 문화재라는 점도 작심 사유 중의 하나였겠다.

수년 전 미국에서 연구년을 보내면서 흥미로운 장면을 경험한 적이 있다. 그 대학장서 600만 권 째를 기념하면서 많은 돈을 써서 한국학 관련 고서적을 구입하려고 애쓰는 현장이었다. 결과가 어떻게 되었는지 확인하지 못하고 연구년을 마감했지만, 이렇게 '정당한' 절차를 거쳐 문화재급 고서적이 나라를 건너가 '타국살이'를 하더라도 흔쾌히 받아들여줄 마음의 여유는 누구나 가지고 있을 것이다.

현재 남북한의 국립박물관은 각각 11곳과 13곳이라고 한다.[1] 같은 기사에 중국은 1곳, 일본은 4곳의 국립박물관이 있다고 소개하고 있다. 필자의 관심은 중국과 일본에 비해 우리나라에 국립박물관이 그토록 많은 이유이다. 이웃나라 국립박물관 수장고와 전시실에 소장·전시될 유물이 우리나라에 비해 특별히 적다고 생각되지 않는 바에야 두 나라가 국립을 최소화하려고 한 의도가 궁금했던 것이다. 문화재의 이른바 '타향살이'를 주목해야 할 이유이기도 하다. 사실 국립중앙박물관은 1945년 12월 3일 개관 이후, 1915년 12월에 개관한 총독부박물관과, 총독부박물관이 보관해 오던 유물들의 소장 경위와 기준을 자체적으로라도 엄격히 물었어야 했다.[2]

1995년 3월 20일 원주문화원이 원주의 지역문화재 가운데 '타향'으로 반출된 문화재를 원래 위치에 환수하도록 국립박물관에 요청한 일은 정당하지 못한 사유로 '타국살이' 하게 된 문화재 반환에만 관심을 쏟아온 학계에 많은 생각을 하게 해 준 하나의 '사건'이었다. 개발로 말미암아 원소재지가 훼손되지 않았다면, 출토지에 유물이 있는 것이 가장 자연스럽다. 물론 근대세계로의 급격한 재편과정에서 미처 유물의 조사, 발굴에 관심이나 여력이 부족할 수밖에 없었던 국가나 지역의 문화재가 '긴 시간' 타국이나 타향에 있을 수밖에 없었던 사정이 이해되지 못하는 바는

---

[1] 박정호, 2009 「남북 대표박물관 이름 '중앙'이 들어간 까닭은」 『중앙일보』(2009. 9.29)

[2] 총독부박물관이 소장했던 유물은 1910년 이후 동경제국대학에서 파견된 일제 관학자들이 조사, 발굴한 자료들이다(안지영, 2009 「이왕가 박물관의 설립과 전시체계의 변화」, 연세대학교 석사학위논문).

아니지만, 그렇다고 하더라도 정당성을 인정받지 못하는 문화재 반출 과정이 양해되는 것은 아니다. 더구나 이를 '100주년'이라는 숫자로 감출 수 있는 것은 아니다.

1994년부터 시작된 원주문화원과 국립중앙박물관 사이에 반출문화재 환수운동은 원주시와 원주문화계, 국립중앙박물관과 문화재청이 서로 의견을 밝혀가는 과정에서 문화재 재현사업과 복원사업이라는 새로운 국면으로 전환해 가고 있다. 그 과정에서 이전부터 논란이 되고 있는 원주 문화재와 더불어 새로 조사 · 발굴되는 문화재를 어떻게 소장, 연구, 전시해야 하는지에 대해 좀 더 폭넓은 논의가 기대되고 있는 형편이다.

필자는, 기존 혹은 신규로 지역에서 발굴된 문화재들이 일차적으로 지역사 복원 자료가 되고, 이차적으로 국가사 정립에 활용되며, 넓게는 세계문화유산으로 보전되기까지에는, 국립박물관과 국립문화재연구소, 문화재청 등 중앙정부 기관과 시립(군립, 구립) 박물관 등 지방정부 기관, 그리고 지역소재 대학박물관 및 사설박물관 등을 포함하여 인적 · 물적 등 연구 및 시설 측면에서 부족한 역량은 보완해 주고, 기왕에 확보된 역량은 활용하면서 서로 돕는 관계의 형성이 매우 필요하다고 판단하고 있다.

이러한 목표를 가지고 본고에서는 원주를 중심으로 지금까지 논의된 반출문화재 환수운동과, 그 과정에서 제기된 재현사업과 복원사업에 대한 사안들을 일차적으로 정리해 보고자 한다. 정리과정에서 드러난 필자의 부족한 식견에 대해서는 많은 충고를 기대하는 바이다.

2. 환수운동에서 재현·복원사업까지

1) 환수운동

원주문화원에서는 1차 반출문화재 환원운동(1994~2002)이, 1994년 10월 4일 당시 원주횡성 국회의원이었던 박경수 의원이 원주문화원을 방문하여 반출문화재에 대한 배경 설명 및 협조요청을 함으로써 시작되었다고 한다. 1989년 원성군이 원주군이 된 후 1995년 1월 1일 원주군과 원주시가 통합되었는데, 1994년 12월 14일 원주군(41대 군수 김기열)에서 문화재환수 추진계획이 시달되고, 1995년 3월 20일 「지역문화재환수협조」 공문을 원주문화원(13~14대 원장 박형진)이 국립중앙박물관으로 발송하였으니, 통합 원주시 지방정부(초대 시장 김대종)의 첫 번째 문화정책이 반출문화재 환수운동이 되었던 셈이다. 당시 환수대상이 되었던 문화재는 국보 2점, 보물 5점, 보물급 2점 총 9점이었다.[3]

순번	종류	지정번호	명 칭	소재지(현)	소재지(원)
1	국보	제101호	법천사지광국사현묘탑	경복궁 경내	부론면 법천사 법천사지
2	국보	제104호	전 흥법사염거화상탑	국립중앙박물관	지정면안창리흥법사지
3	보물	제190호	거돈사원공대사승묘탑	국립중앙박물관	부론명 정산리 거돈사지
4	보물	제463호	진공대사탑비 비신	국박 수장고	지정면안창리흥법사지
5	보물	제365호	흥법사 진공대사 탑 및 부석관	국립중앙박물관	지정면안창리흥법사지
6	보물	제358호	영전사지 보존제자 사리탑 2기	국립중앙박물관	태장동 영전사
7	보물	제358호			
8	—		천수사 오층석탑	국립중앙박물관	원주시 천수사
9	—		천수사 삼층석탑	국립중앙박물관	원주시 천수사

---

3) 원주문화원 회의자료(2003.10.30)

이러한 원주문화원의 반출문화재 환수 요청에 대한 국립중앙박물관의 회신 내용은, 요청 공문을 발송한 지 보름여가 지난 1995년 4월 7일에 전달된 "불가"였다. 도난 위험 등의 문화재 보존 문제가 생길 수 있다는 것이었다. 1994년부터 2002년 10월까지 재임한 박형진 원주문화원장 시절의 1차 반출문화재 환수운동은 1995년 9월 10일 원주문화원의 정기이사회의 결의사항으로 추진위원회를 구성하여 활동하였지만, 지역 여론과는 달리 국립중앙박물관과의 의견교환이 진전되지는 못하였다. 그나마 다행인 것은 1993년 건립 계획이 세워진 원주시립박물관이 상당한 수준의 수장고를 마련한 다음 2000년 11월 14일 개관되었다는 것이었다.

원주문화원(15대 원장 박종락)이 주관한 2차 반출문화재 환수운동(2003~2004)은 2005년 10월에 국립박물관이 용산으로 이전 개관하게 됨을 계기로 다시 시작되었다. 국립중앙박물관이 경복궁시대를 마감하고 용산시대를 새로 펼치고자 하면 문화재 이전이 진행될 것이고, 이전에 따라 문화재가 포장되면 원위치로 이전시키기가 훨씬 쉽다는 판단이 개재되어 있었다. 이러한 환경변화에 따라 2003년 6월 3일 원주문화원 이사회에서 문화재 환수 재추진에 대한 결의가 이루어지고, 6월 18일 국립중앙박물관에 원주지역 문화재 반환 요청을 하는 한편,[4] 6월 25일 원주문화원의 협조 요청으로 원주시장, 원주시의회 의장, 원주시 국회의원이 공조하여 협조문을 발송하기에 이르렀다.

당시 원주문화원은 환수 필요성에 대해서 다음과 같이 요약해서 정리하였다. 첫째, 이른바 '타향살이 문화재'는 일제 강점기에 우리 민족의 얼과 혼을 말살하려는 일제 식민지 정책에 따라 강제 반출된 만큼, 제 자리로 돌아와 우리 민족의 생명과 가치로 뿌리내려 불교문화 유산과 역사의

---

4) 원주문화원 제2003-59호(2003.6.18)

산 교육장으로 성역화할 필요가 있다. 둘째, 국립중앙박물관이 주장하는 관리·보전의 어려움을 모르는 바가 아니나, 어디에 위치하더라도 관리·보존의 필요성이 있다. 셋째, 현재 반출문화재의 원소재지인 흥법사와 거돈사, 법천사 터가 수년에 걸쳐 발굴 조사되고 있으니, 반출문화재의 원위치 환수 및 보전을 위해서는 사지(寺址) 발굴과 함께 원형에 가까운 사적지 정비, 발굴로 인해 출토된 유물 전시관의 건립, 국가사적지 지정 등이 함께 이루어져야 한다는 것 등이었다. 특히 강원문화재연구소가, 발굴·조사하던 법천사 터에서 2003년 8월 23일 지광국사현묘탑 자리가 탑비 전면임을 확인한 덕분에, 원위치 이전 주장이 환수 필요성의 힘을 배가하는 역할을 하였다.

이에 대해 국립중앙박물관은 2003년 7월 5일 요청문에 대한 회신공문에서,[5] ① 원주문화원이 반환 요청한 문화재는 기왕에도 국립중앙박물관의 소장 유물로 등록, 관리, 전시되고 있는 국가소유문화재이고, ② 우리나라 석조문화재의 흐름을 관람객에게 효율적으로 보여주기 위해 신축중인 용산 새 국립중앙박물관에서 중요 전시품으로 활용될 예정이어서 반환이 불가하므로, ③ 대안으로 재현품(再現品)을 제작하여 원소재지에 전시하는 것이 합리적인 방안이라고 판단되며, ④ 국립중앙박물관에서는 석조유물들의 안전한 보존 관리와 전시 등을 통하여 문화재가 지닌 가치를 지키고 고양하는데 최선의 노력을 기울이겠다고 하였다.

이와 함께 2003년 7월 22일 원주문화원 사무국장이 국립중앙박물관 유물관리부를 방문하고, 그 결과에 따라 2003년 11월 19일 국립중앙박물관 관계자가 법천사지와 거돈사지, 흥법사지 등을 원주문화원장과 문화원 사무국장, 원주시 문화체육과장과 문화재 담당 직원의 안내로 현장 답사

---

[5] 국립중앙박물관 유물86700-879호(2003.7.5)

를 하기도 하였다.

이후 2004년 9월까지 원주문화원을 중심으로 관련 언론기관, 지방정부, 지역 문화계 등 지역 내 많은 인사들이 환수운동에 많은 노력을 경주했음이 여러 자료로 확인되고 있다. 2003년 11월 원주문화원의 15대 원장 박종락이 부임한 이래 2년 동안의 2차 문화재 환수운동은 2004년 11월 문화재 재현사업으로 새로운 방향을 모색하게 되었다. 사업 변경의 배경으로 문화재보호법상 문화재는 지자체에 위탁 관리할 수 없는 규정이 있어, 원품 반환을 위해서는 관련 법 개정을 수반해야하기 때문에 어렵다는 것이었다.[6] 물론 환수운동 지속여부는 문화원에서 이미 결성되어 있는 환수추진위원회를 통해 검토하겠다는 단서를 달았다. 국립중앙박물관에서도 지광국사 현묘탑 재현품을 건립할 때 소요될 것으로 예상되는 20억여 원의 재원에 대해서는 원주문화원을 통해 국고 지원에 적극 협조하겠다고 하였다고 한다.[7]

2) 재현사업

10년여의 문화재 환수운동이 일단 재현사업으로 방향을 잡자, 실제 재현사업은 빠른 속도로 진행되었다. 2005년 6월 8일 원주문화원 사무국장이 대전 문화재청을 방문하여 문화재청 건조물 담당자들과 면담하였다. 재현대상품은 대상 석조문화재 가운데 위치가 고증된 유물로 하되, 1차적으로는 보물 제190호인 거돈사 원공국사승묘탑으로 하기로 하였다. 국보 제101호인 법천사 지광국사현묘탑은 강원문화재연구소의 법천사지 발굴 조사로 원위치가 확인되었으나, 유물상태가 불안정하여 용산 국립중

---

6) 박경철, 2004 「문화재 환수운동 찬물」『강원도민일보』(2004.11.20)
7) 박경철, 2004 「문화재 환수운동 찬물」『강원도민일보』(2004.11.20)

앙박물관으로도 이전이 불가할 정도였고, 재현품 제작 기술의 미비로 현 수준에서는 재현 자체가 어려우므로 앞으로 지속적인 관심을 갖고 재현품 제작을 추진하기로 하였다. 이 결정에 따라 원주문화원은, 문화재 재현품 제작에 필요한 비용과 관련하여 원주시에 의뢰하게 되었으니, 이렇게 하여 원주문화원은 오랜 기간의 반출문화재 반환운동을 일단 정리하게 되었다.

오랜 진통 끝에 시작되어서 그런지, 2006년도에서 2007년도에 진행된 거돈사 원공국사승묘탑 재현사업은 물 흐르듯이 진행되었다. 원주시와 문화재청, 국립박물관 삼자 협동으로 진행된 재현품 제작은 문화재청이 예산을 확보(2억)하여 원주시에 사업을 지원하였으며, 원주시청은 사업계획을 세우고 설계절차를 밟아 발주하기에 이르렀다.[8] 사업 진행과정에서 같은 시기에 진행되던 경북 군위군 고로면 파북리 612번지에 위치한 인각사의 보각국사비 재현사업을 참고하였는데, 여러 절차를 거쳐 재현품 제작자로 당시 경기도 무형문화재 42호 석장(石匠)인 이재순이 적임자로 선정되어 2006년 12월 8일 최종 사업발주가 완료되었다.

이후 자문위원회(김동욱·박경식·소재구·이상헌·이오희·윤홍로)가 구성되어, ① 2006년 12월 22일 제1차 자문회의(국립중앙박물관), ② 2006년 12월 28일 제1차 자문회의에 따른 석산 방문 재료지정 자문(강원도 원주시 귀래면 산 40-1, 광옥석재), ③ 2006년 12월 29일 제1차 자문회의에 따른 결실부분 복원 자문(국립중앙박물관), ④ 2007년 1월 20일 제1차 자문회의에 따른 재료 검토 자문(경기도 포천리 내촌 내리 289-8호, 대한석상), ⑤ 2007년 8월 17일 제작방법을 위한 제2차 자문회의(경기도 포천리 내촌 내리 289-8호, 대한석상)를 거쳐 ⑥ 3D 스캐닝을 이용한 실측·모형 제작 ⑦ 조각 작업(원석 고르기·치석·하대석 조각·

---

8) 원주시청, 2007 『거돈사지원공국사승묘탑재현사업』

중대석 조각 · 상대석 조각 · 탑신 조각 · 옥개석 조각)을 하고 ⑧ 원위치에 설치하고
위한 발굴(개토제와 시굴사업)을 한 다음 ⑨ 마침내 2007년 10월 30일 원공국
사승묘탑의 원형 복제 작품(재현품)이 거돈사 현장에 설치(기초 작업과 조립설
치)되었다.

3) 복원사업

　　국립중앙박물관의 제안(2003년 7월 5일)에 따라 2006년과 2007년 거돈사
지 원공국사승묘탑의 재현을 마무리한 원주시는 2008년과 2009년도 2차
사업으로 흥법사 진공대사탑비를 복원하고자 하였다. 주지하다시피 원공
국사승묘탑은 원형에 가까운 모습으로 남아 있으나, 흥법사 진공대사탑
비는 귀부와 이수는 흥법사 터에 있고, 비신은 4조각이 난 상태로 국립중
앙박물관에 소장되어 있다. 이에 원주시는 문화재청의 지원을 포함한 복
원 비용(2억 5천)을 확보하여 2007년 12월 24일 진공대사탑비 귀부 및 이수
탑비 복원에 따른 자료를 요청하는 한편,9) 원주시 자체 예산으로 2008년
2월 15일부터 1년간 진공대사 탑비문의 역주를 위한 연구용역(원주금석문집
제2권)을 발주하였다.

　『원주금석문집』 제2권 연구용역의 책임자로 참가하게 된 필자는, 우선
비신의 좋은 탁본을 구하고, 양기(陽記)의 글자가 당태종의 글씨를 집자했
다는 점을 확인해야 한다고 생각하였다. 이에 1972년 경복궁 경내에 방
치되어 있던 비신의 앞면을 직접 탁본한 성균관대학교 사학과 명예교수

---

9) ① 진공대사탑비 귀부 및 이수 탑비(비신) 앞 · 뒷면, 전 · 근경 사진 ② 고증된 비
　　신 규격(가로, 세로(높이), 두께) ③ 비신 앞, 뒷면 글자(원본) 탁본 보관 여부 ④
　　비신의 모형을 제작하여 수시로 문화재위원들에게 자문을 받기 위한 3D 촬영 및
　　사진 촬영 가능 여부 ⑤ 기타 탑비(비신) 재현품 제작을 위한 참고자료 등(원주시
　　문화관광과-19320)

인 조동원 교수와 서체에 밝은 예술의 전당 서예박물관 이동국 학예사, 성균관대학교 박물관에서 2005년 11월 11일부터 2006년 1월 31일까지 진행한 『고려시대 금석문 탁본전－돌에 새겨진 고려시대 선사들의 삶』을 기획한 김대식 학예실장을 공동 연구자로 하여, 2008년 10월 11일 연구 용역을 마무리한 결과가 2009년 2월 발간된 책,『원주금석문집 제2권』이다.[10)]

주지하다시피 진공대사탑비의 비신은 조각이 나 있다. 임진왜란 이전까지는 진공대사비 탁본이 중국의 진상품이기까지 했는데, 임란 당시 왜군이 당태종의 글씨라 하여 일본으로 반출하려다가 죽령에서 비가 깨어지자 그 자리에 남겨두고 떠났고, 임란 이후 수습된 비신 조각도 관리 소홀로 없어진 부분이 생겨, 현재는 윗부분 1조각, 아랫부분 3조각이 남아 있을 뿐이다. 중간 부분이 없어진 것이다. 그러므로 전체 비신의 형태와 특히 비신의 높이를 추정하기 위해서는 망실된 중간 부분에 대체 몇 자가 있었는지를 추정하는 수밖에 없다.

가령 비신의 앞면에 새겨진 글자 수는 30행 × 64열(65열)로 추정된다. 이 경우 높이는 64열로 추정된 각 열별 글자 높이의 합이다. 이 방법으로 추정한 높이는 3.5cm × 65 = 227.5cm이다. 그런데 행서체로 쓴 양기의 글씨는 당태종의 글씨를 집자하여 새겼으므로, 그 크기가 일정하지 않다. 크고 작은 글씨가 섞여 있는 것이다. 그래도 다른 방법이 없다면, 조각난 비신의 완형 높이는 이렇게 산정하고 제작해야 한다.

혹 다른 방법이 보완된다면 높이를 계산하는데, 도움을 줄 수 있다. 가령 비신의 뒷면에 새겨진 글자는 정자(井字) 칸에 해서체로 쓴 글씨이다. 정자 칸이 일정해서 음기 탁본이 있다면 비신의 높이를 추정하는데 매우

---

10) 이인재 편, 2009 『원주금석문집』 제2권

큰 도움이 된다. 하지만 음기에 대한 원석 탁본은 없다. 현재 남아 있는 탁본은 조각난 비신이 눕혀져 있는 상태로 했다고 추정되기 때문에 없는 것이다. 그러므로 정자 칸의 높이가 어떻게 되는지 알 수가 없다. 그런데 비록 조각난 상태이긴 하지만 원 비신이 현재 있다. 비신의 음기를 탁본하거나 3D로 스캔하면 각 글자의 원위치와 정자 칸의 높이를 알 수 있는 것이다. 음기 탁본이나 3D 스캔이 필요한 이유이다.

한편 2007년 12월 24일 원주시청이 요청한 공문에 대한 회신(2008년 2월 13일)에서 국립중앙박물관은 흥법사 진공대사탑비 탁본(본관 2396) 등, 사진 자료 3매에 대한 복제를 허가하였다. 그런데 원주시청에서는 2008년 6월 18일 사진 자료 3매에 대한 복제만으로는 비신 복원이 어렵다는 판단하에 수장고에 소장되어 있는 비신 1조각 및 서예실에 전시되어 있는 비신 3조각에 대한 정밀 실측과 3D 촬영 및 사진 촬영을 요청하였고, 국립중앙박물관에서는 7월 16일 흥법사 진공대사탑부 석관(본관 1980)의 촬영을 허락하였다. 그 결과 7월 21일 원주시에서 촬영에 나섰으나, 비신 음기에 대한 촬영을 하지 않아 복원에 필요할 정도의 촬영은 아니었다. 촬영의 목적은 비신의 전체 크기를 알기 위해서이고, 이를 위해서는 뒷면의 촬영이 필수적이었음에도 불구하고 그 사실을 간과하였기 때문이었다.

이에 2008년 9월 19일과 10월 10일, 2009년 4월 28일 필자의 참관하에 비신 앞·뒷면에 대한 사진 촬영과 3D 스캔에 대해 다시 요청 공문을 발송하였고, 국립중앙박물관에서는 2009년 5월 14일 서예실에 상설 전시되어 있는 비신 조각의 경우 ㉮ 탑비의 중량이 총 2.5톤으로 추정되어 3D 스캔 및 실측을 위한 이동시 유물의 안전 여부가 문제가 되며, ㉯ 현 전시상황에서는 촬영을 위해 복잡하고 위험한 작업 공정을 거쳐야 하므로, 이 비신 조각에 대해서는 촬영이 불가하지만, 수장고에 보관되어 있는 1점은 3D 스캔 및 실측이 가능함을 알려 주었다. 이에 대해 2009년 10월

6일 원주시청에서 전시되어 있는 비신 조각까지를 포함하여 재요청하였으나, 여러 가지 사정으로 인하여 2009년 12월 재현을 위한 원주시의 학술용역사업은 중단되고 말았다. 이상이 흥법사 진공대사탑비 복원과 관련해서 현재까지 진행된 사항이다.

3. 환수운동 및 재현·복원사업이 던진 몇 가지 고려 사항

1) 재현·복원사업에 관하여

(1) 재현과 복원의 일반론

현재 원주시청과 문화재청에서는 흥법사 진공대사탑비를, 이전에 현존하고 있는 흥법사터의 귀부와 이수 사이를 벌려, 조각난 비신 대신 새로 만든 탑신을 끼워 넣은 방식으로 복원하고자 하고 있다. 거돈사 원공국사승묘탑이 국립중앙박물관에 원형을 두고, 거돈사지에 재현품을 설치하는 방식과 달리, 문화재청에서는 국보와 재현품을 섞어서 복원하겠다는 것이다. 강원도 양양군 선림원지에 있는 홍각선사탑비의 귀부와 이수(보물 제446호)에 탑신을 복원한 사례가 있다. 그러므로 흥법사 진공대사탑비의 경우도 같은 방식으로 사업을 진행해도 문제가 없다는 것이다.

현상유지론

석조유물 복원은 아니지만, 건축물 복원은 상당한 연구 역량이 축적되어 있다. 현재 문화재청에 재직 중인 최종덕의 논문에 의하면 다음과 같은 사실을 알 수 있다.[11] 우선 1997년 선포된 한국의 문화유산헌장은 "문화유산은 원래의 모습대로 보존되어야 한다"고 한다.[12] 그런데 1964년 기념물과 역사유적지에 대한 국제기구인 ICOMOS(International Council on Monuments and Site)가 채택한 Venice 헌장 12조에 따르면,[13] 없어진 부분은 전체적으

11) 최종덕, 2003 「경복궁 복원의 의미」『건축역사연구』 12-3, 195~196쪽

12) 1997년 12월 8일의 문화유산헌장 내용은 다음과 같다. "1. 문화유산은 원래의 모습대로 보존되어야 한다. 1. 문화유산은 주위 환경과 함께 무분별한 개발로부터 보호되어야 한다. 1. 문화유산은 그 가치를 재화로 따질 수 없는 것이므로 결코 파괴·도굴되거나 불법으로 거래되어서는 안 된다. 1. 문화유산 보존의 중요성은 가정·학교·사회교육을 통해 널리 일깨워져야 한다. 1. 모든 국민은 자랑스러운 문화유산을 바탕으로 찬란한 민족 문화를 계승·발전 시켜야 한다(http://search.cha.go.kr/srch/jsp/search_top.jsp)."

13) 제2조 기념물의 보존과 복원은 이 건축적 유산의 연구와 보호에 기여하는 모든 과학적 기술적 수단을 확보할 의지를 가져야 한다.

　제3조 기념물을 보존하고 복원하는 의도는 이를 예술작품으로서뿐 아니라 역사적 증거로서 보호하기 위해서이나.

　제6조 기념물을 보존한다는 것은 규모에 벗어나지 않는 환경을 보존한다는 것을 의미한다. 전통적 환경이 존재하는 곳은 모두 보존되어야 한다. 기념물의 형태와 색채와의 연관성을 깨뜨리는 신축, 철거, 혹은 수정이 허용되어서는 안 된다.

　제7조 기념물은 증거를 내포하고 있는 역사로부터 그리고 그것이 일어난 환경으로부터 분리될 수 없다. 기념물의 부분 혹은 전부를 이전하는 것은 기념물의 보호를 위해 이전이 꼭 필요한 경우나 국내적, 국제적인 중요성에 의해 정당화되는 경우를 제외하고는 허용되지 않는다.

　제9조 복원의 과정은 고도의 전문적인 작업이다. 이의 목적은 기념물의 미학적·역사적 가치를 보존하고 나타내는 데 있으며, 본래의 재료와 원래 기록에 대한 존중에 바탕을 둔다. 추측이 시작되는 지점에서 복원은 멈추어야 하고, 불가피한 추가의 작업은 건축구성에 있어 식별되어야 하고 당대의 표시를 포함시켜야 한다. 어떠한 경우에도 복원은 기념물의 고고학적, 역사학적 연구를 복원 전후로 동반하여야 한다.

　제10조 전통의 수법이 부적절하다고 판명된 경우, 기념물의 보강은 현대수법을 이용해도 되나, 이의 효능이 과학적 자료에 의해 나타나고 경험에 의해 증명된 것이어야 한다.

　제11조 기념물의 축조에 정당하게 기여한 모든 시대적 요소는 존중되어야 한다. 왜냐하면, 양식의 통일이 복원의 목표가 아니기 때문이다. 상이한 시대에 첨부된 작업이 기념물에 존재할 때, 그 이전 시대의 상태를 나타내는 것은 다음의 경우에만 허용한다. 첨부된 작업이 그리 중요하지 않고, 동시에 가려졌던 작업이 중대한 역사적·고고학적·미학적 가치를 가져 복원의 정당성을 더 부여 받을 수 있을 때 연관된 요소의 중요성에 관한 평가와 무엇이 파괴될 것인지에 대한 결정은 복원작업에 책임을 지는 자에게만 의존해서는 안 된다.

　제12조 소실된 부분의 교체는 전체와 조화를 이루어야 한다. 단, 교체된 부분은

로 조화를 이룰 수 있도록 교체되어야 하며, 원래의 것과 구별되도록 하여 교체된 부분이 예술적으로나 역사적으로 원래의 것으로 착각되지 않도록 해야 한다고 했다는 것이다.

복원 반대론

같은 논문에서 복원 반대론과, 반대에 대한 반응을 인용하면 다음과 같다. 미국 Fort Union 복원사업에 대해 반대 입장을 가진 측은 다음과 같은 주장을 하였다. ㉮ 원 지반에의 복원은 필연적으로 고고학적 유적의 대량 파괴를 초래하고 그것은 미래의 고고학자들이 다른 목적을 위해 혹은 기술적으로 진보되거나 발견된 방법을 사용하기 위해 추가적인 발굴을 같은 장소에서 하는 기회를 앗아간다. ㉯ 복원은 매우 추정적일 수밖에 없다. ㉰ 복원은 어떤 기준 연도를 정해서 시행되어야 하지만, 역사는 시간적으로 하나의 정적인 시점이 아니라 변화와 발전의 동적인 과정으로 해석되어야 한다. ㉱ 만약 역사적인 건축물이 복원될 수 있고, 그 복원이 원래의 것만큼이나 좋다면 원래의 진짜 역사적 건축물들은 보존

원래의 것과 구별이 되게 하여야 한다. 이는 복원이 예술적, 역사적 증거로서 왜곡을 초래하지 않기 위함이다.

제13조 증축(첨가)은 이것이 건물의 중요한 (흥미로운) 부분, 전통적 환경, 구성의 균형과 주변과의 관계를 깨뜨리지 않을 때에만 허용한다.

제14조 기념물의 사적지는 기념물의 완결성을 보호하기 위해, 그리고 기념물이 품위 있게 나타내지기 위해 특별한 관심의 대상이 되어야 한다. 이러한 장소에서 행해지는 보존과 보수의 작업은 앞서의 원칙에 의해 시도되어야 한다.

발굴 제15조 발굴은 1956년 UNESCO에 의해 채택된 고고학발굴의 국제원칙에서 규정한 원칙과 표준에 맞추어 행해져야 한다. 유적은 관리되어야 하고, 발견된 건축물과 유물의 영구보존에 필요한 수단(measures)이 채택되어야 한다. 더 나아가, 모든 수단은 기념물의 의미를 왜곡시키지 않고 이의 이해와 알림을 도모하기 위해 취해져야 한다. 모든 재건축작업이 우선시 되어서는 안 된다. 오직, anastylosis, 즉 기존의 분해된 부재들의 재조합만이 허용된다. (해체)조립에 사용된 재료는 식별 가능해야 하며 최소한으로 사용되어야 한다.

(http://kahoidong.com/venicecharterk.html ; http://www.icomos.org/venice_charter.html)

될 필요가 없다. ⑩ 그 대안으로 다른 곳에 복원하는 것이 원 지반에 복원하는 것보다 바람직하다. Bent's Old Fort 복원에 반대 입장을 가진 측은 다음과 같이 주장하였다. ⑪ National Park Service(한국의 문화재청에 해당함)의 임무는 역사를 재창조하는 것이 아니라 원래의 진짜 것들을 보존하고 해석하는 것이다. ⑫ 비록 그것이 기초의 한 조각에 불과할지라도, 어떤 사람들은 현대적으로 고쳐진 옛 건축물보다는 역사적 구조물의 원 파편들로부터 과거를 더 잘 음미할 수 있다. ⑬ 복원은 많은 비용을 필요로 하며, 더욱이 한 번 복원되면 그것은 영원히 유지 관리되어야 한다. ⑭ 아무리 정확하게 복원할 지라도 복원된 것은 진짜가 아니다.[14]

복원 수긍론

미국 Fort Union 복원 반대 입장에 대한 반응은 다음과 같다. ㉮ Fort Union이 서부 역사에 대한 대중의 교육을 장려하는 수단으로 옹호되었지만, 사실은 관광을 통한 지역경제발전에 대한 지역주민의 관심이 표면적인 이유 뒤에 숨은 복원 이유 중의 하나이다. ㉯ Fort Union 건조물에 대한 풍부한 역사적 자료가 있다. ㉰ 고고학적 조사 결과 지하 구조물의 보존상태가 매우 양호하다는 것이 밝혀졌기 때문에 완벽한 복원을 위해 필요한, 밝혀지지 않은 당시의 건축적 상세를 고고학적 조사를 통해서 할 수 있다. ㉱ 역사적인 건축물이 원위치에 복원되지 않는다면 보통 사람들에겐 감흥을 줄 수 없기 때문에 다른 곳에 복원하는 것은 그 의미를 반감시킬 것이다. ㉲ 복원의 결과 사람들은 이제 아름답게 복원된 19세기 중엽의 모피 거래 지역을 방문할 수 있게 되었다. Bent's Old Fort 복원 반대론에 대한 반응은 다음과 같다. ㉳ 복원된 건축물들은 방문자에게

---

14) 최종덕, 2003 앞의 논문, 195~196쪽에서 재인용

기쁨을 줄 뿐 아니라, 과거 생활양식을 이해하는데 도움이 된다. ㉔ 도면이나 그림 혹은 사진 등의 이차원적인 형태로부터 규모, 질감, 그리고 연속감을 보통 사람들이 느끼기 위해서는 시각화된 삼차원의 건조물이 필요하다. ㉕ 다른 곳에 복원하는 것은 방문자들이 원하는 현장감을 줄 수 없다. ㉖ 복원은 문화를 보존하는 유형적인 수단인 측면이 있다.[15]

사료로서의 유물·유적

이렇게 복원 반대론과 복원 수긍론은 유물·유적 생산자의 입장에서 복원을 바라볼 것인가, 아니면 유물·유적 소비자의 태도로 복원을 바라볼 것인가의 차이에서 발생한 것이다. 역사적 안목을 중시한다면 당연히 그 시대 유물·유적의 생산자 태도에서 복원을 바라볼 것이고, 관광의 중요성을 간과하지 않는다면 소비자의 태도에서 제기하는 복원의 중요성을 무시하지도 않을 것이다. 문자·문헌 사료의 빈곤과 유물·유적 사료의 부족을 절실히 느끼는 국가사·지역사 연구자들이 취해야 할 유물·유적의 현상유지·복원·재현에 대한 태도를 정립할 필요성과 방향에 대한 모색은 매우 절실한 문제라 하지 않을 수 없다. 대표적으로 어떤 유적·유물을 현상 유지하고 필요에 따라 재현할 것인가 하는 문제와 어떤 유물·유적을 복원 대상으로 할 것인가에 대한 공감대와 정리가 있어야 할 것이다.

(2) 원주지역 문화재 복원·재현 현황과 방향

현황

전술한 바와 같이 문화재청과 원주시청은 흥법사 진공대사탑비를 국

---

[15] 최종덕, 2003 앞의 논문, 195~196쪽에서 재인용

보와 재현품을 섞어서 복원하고자 하였다. 필자가 원주시청 실무자의 질문을 받고 수긍하기 어려워 직접 문화재청에 문의한 결과, 담당자는 강원도 양양 선림원지의 홍각선사비가 같은 방식으로 복원되도록 문화재위원들의 자문을 받았으므로 문제가 없다고 답변하였다. 주지하다시피 홍각선사비 역시, 귀부와 이수(보물 제446호)만 현장에 있고, 비신 조각은 일부가 국립춘천박물관과 동국대박물관이 소장하고 있었다. 그런데 보물과 재현품을 섞어서 복원했다고 하면, 복원의 원의에서 상당히 멀어지는 것이 아닌가 생각했다.

다시 고건축으로 돌아가 보기로 하자. 건축 문화재의 복원 문제와 관련해서, 김성우는 건축의 원형을 건물의 배치계획, 가구법, 부재라는 세 측면에서 따지고 있는데,16) 복원에서 가장 중요한 것은 배치계획이고, 다음이 가구법이며, 셋째가 부재라고 한다. 그런데 같은 글에서 부재의 원형은 전혀 없고, 목가구법과 배치계획이 확인될 때 복원이 가능할까라는 자문을 하면서, 부재보다는 배치의 의미가 큰 것이기 때문에 복원의 효과는 상당히 달성된다고 자답하고 있다. 전통건축에 많이 쓰이는 목재는 썩거나 불에 타기 쉽기 때문에 부재의 원형이 없다고 배치까지 잃어버리느니 배치계획의 원형이 확인되고 가구법이 살아날 수 있다면 복원계획을 세우는 것이 큰 무리는 아니라는 것이다.

이러한 전통건축의 복원 방향을 석조유물의 복원 방향에 응용한다면, 첫째가 원위치이고, 둘째가 제작기법과 조립법이며, 셋째가 부재가 되는

---

16) 김성우, 2000 「건축문화재 복원의 동향과 방향」『건축역사연구』 9-1. 입지, 좌향, 배치, 주변환경 등의 원형은 배치계획의 원형에 속하고, 부재는 기단, 기둥, 보와, 기와 등의 부재들이 원래의 것이고, 원래의 형태인가를 따져야 하며, 전통건축의 건물 만들기는 내외 차단의 벽의 형상에 의해 결정되는 것이 아니라, 목기구를 기본으로 하되 기단에서부터 종도리와 기와까지의 전체적 구성법식인 가구법의 형식에 따라 결정된다고 한다.

셈이니, 흥법사 진공대사탑비의 경우도 원위치가 확인된 상태에서 현존하는 귀부와 이수에 더하여 부분만 남은 비신을 조립하는 방법이 석장의 기술로 전통방법에 가깝게 할 수 있으며, 일부 부재가 비록 원래의 것은 아니더라도 형태는 원래의 것과 같은 방식으로 제작할 수 있으니, 홍각 선사비와 같이 진품과 재현품을 섞어서 복원하더라도 문제가 없을 것이라는 문화재 위원의 자문도 이해하지 못할 바는 아니다.

그런데 정작 우리가 양해해야 할 것은 김성우가 구한, 건축 문화재 부재의 성질이다. 썩기 쉽고 불타기 쉬운 목재의 경우는 충분히 이해할 수 있지만, 석재는 성질 자체가 다르다. 오히려 돌에 새겨 문자나 문양을 오랜 보존하려 했던 석조 유물 생산자들의 입장에서 보면, 너무나 쉬운 방법으로 부재의 중요성을 소홀히 대해 버리는 후대 전문가들에게 아쉬운 마음이 없지 않을까 생각되는 것이다.

주지하다시피 지증 도헌의 탑비에 새겨진 석재들은 남해에서 온 것들이다. 원공국사승묘탑 재현품에 사용했던 석재와 진공대사탑비 비신 재현품으로 사용하고자 하는 석재는 모두 원주시 귀래면에서 산출되는 이른바 귀래석이다. 물론 해당 유적과 가까운 지역의 석재를 사용하지 않았는지는 현재로선 확인할 수 없지만, 후대 학자들이 관심을 갖게 되면 꼭 불가능한 일만은 아니다. 비파괴방식으로 석질을 분석해 낼 수 있는 기술이 확보되면, 후대 학자들이 우리보다 훨씬 근거를 가지고 석재를 골라 낼 수 있을 것이다.

비신뿐이라고 해도 제작기법을 간단히 넘길 수 없는 문제가 많다. 가령 원주와 교류가 많았을 것이라고 생각되는 영월 흥녕사 징효대사탑비와 충주 정토사 법경대사탑비의 비신이 같은 모양이 아니다. 그에 반하여 시기는 좀 떨어지지만 현화사비와 칠장사 혜소국사비, 법천사 지광국사비의 비신은 공통점이 많다. 그렇다면 제작기법이 보여주는 지역 간

공통점에 대한 확인도 후대를 기약하는 것이 훨씬 자연스럽지 않은가 생각된다.

사실 거돈사 원공국사승묘탑의 원위치도 현재로서는 좀 더 고려해 보아야 하지 않을까 생각된다. 1981년 문화재관리국에서 작성한 책을 보면,[17] 원공국사승묘탑의 원위치에 대한 내용이 없다. 그런데 1986년 당시 문화공보부 문화재연구소 보존과학연구실장인 김동현이 조사한 보고서에는 중심사역 산 북쪽의 현 위치가 탑전(塔殿)이었다고 하였다.[18] 이 승탑은 1918년 작성한 조선고적도보에도 서울에 승탑이 있었으므로, 그 이전에 반출되었던 문화재인데, 한림대박물관에서 조사한 바에 따르면 이른바 탑전 남쪽 축대 밑에 구른 큰 괴석 뒤에서 승탑 옥개 위의 보개형 상륜(寶蓋形相輪)의 귀꽃 한 개가 발견되었다고 한다.[19]

그런데 이런 상황에도 불구하고 원위치에 의구심을 갖는 것은 승탑과 탑비의 거리가 너무 멀다는 것이다. 고려 전기 원공국사의 후원자들은 금당을 기준으로 남동과 북동에 서로 200m 떨어뜨려 탑비와 승탑을 세운 셈이 되는 것이다. 강원문화재연구소가 발굴한 바에 따르면, 법천사 지광국사 탑비와 승탑은 서로 맞붙어 있다. 이런 의문이 완전히 해소되지 않는 한 원위치라고 알려진 곳이라도 수용할 때에는 신중할 필요가 있겠다.

방향

그렇다면 이런 상황에서 석조유물의 현상유지, 복원과 재현은 어떻게

---

[17] 문화공보부 문화재관리국, 1981 「원성지구석조물」『문화유적보수정화지 — 석조문화재편』, 205쪽

[18] 원성군, 1986 『거돈사지 석물실측 및 지표조사 보고서』

[19] 한림대학교 박물관, 2001 『거돈사지 발굴보사보고서』, 89쪽

해야 할 것인가? 이를 위해서는 무엇보다도 용어 사용의 적절성이 검토되어야 하겠다. 이를테면 2008년 2월 10일 국보 숭례문이 관리 소홀에 따른 방화에 의해 소실되었다. 그리고 이제 숭례문 '복원'이 진행되고 있다. 현재를 살고 있는 문화재 소비자의 입장에서는 아쉬운 마음에서 '복원'이라는 용어 사용에 너그럽지만, 문화재 생산자의 입장에서는 엄격히 말해서 '중수(重修)' 혹은 '중건(重建)'이라고 칭하는 것이 사실에 가깝다. 실제 창건 이후 여러 이유로 망실된 후, 중건 혹은 삼중건 되는 문화재가 충분히 있을 수 있다. 이 경우 중건, 혹은 삼중건 당시의 문화재가 마치 '근대 건축문화재'처럼 후대 언젠가 '현대' 문화재로 재지정될 가능성이 있지만, 지금 당장 전통문화재가 될 수는 없다. 원주 거돈사지에 재현된 원공국사승묘탑 재현품을 문화재로 지정하기 어려운 것과 마찬가지이다.

그렇다면 석조문화재 복원이라는 단어는 어떤 경우에 쓸 수 있을 것인가? 필자는 최소한 80% 이상의 원형이 존재했을 경우에만 '복원'이라는 단어를 써야하지 않을까 제안하고 싶다. 우리가 문화재를 문화재로 인정하는 것은 문화재 생산자의 입장에서 유물을 취급해야지만 사료로서의 유물·유적의 존재 이유가 있다고 판단하기 때문이다. 지금의 보물 지정 기준에 따라 양양 선림원지에 이른바 복원 혹은 재현된 홍각선사탑비를 판단하려고 한다면, 많은 전문가에게 아주 곤혹스러운 고민을 야기할 것이 분명할 것이다.

사실 대부분의 석조문화재 역시 건축문화재와 마찬가지로, 유적지에서 함께 존재했던 건축물과 어떤 관계로 배치되고 규모가 조정되었는지를 파악하는 것이 매우 필요하다. 전술한 바와 같이 거돈사의 경우, 금당과 불탑을, 승탑비와 승탑이 각각 동남과 동북에서 호위하는 모습으로 배치된 것이 정확하다면 원공국사 기념 조형물을 통해 알 수 있는 그 시기 그 지역 불교 신앙에 대해서는 많은 생각을 가져야 한다. 석조유물

역시 원형을 찾는데 이른바 배치계획이 중요하다는 것이다. 더구나 석조 문화재 제작 방법과 과정의 독특한 특성 역시 고려되지 않으면 안 된다. 여기에 더해 부재의 특성과 조달 과정도 면밀히 검토해야 한다.

20세기 한국사회에서 벌어진 개발의 시대 열풍 속에서 유물·유적을 다루는 넓은 의미의 역사학계에서는 문화재 보호를 위한 지나친 방어적 태도가 몸에 배고 말았다. 문화재 소비자의 처지만 염두에 둔 이른바 '재현품 복원' 열풍이 휘몰아치는데 손 놓고 있는 듯한 자세를 취하고 있는 것이 문제이다. 그 와중에서 유적을 포함한 유물의 디지털 재현 기술과 현품 재현 기술이 갖고 있는 학술적 의미가 과소평가되고 있는 듯하다. 재현기술에 대해 적정 평가를 했다면 유물·유적의 현상 유지도 살리고, 유적지 주변 혹은 주요 연구 집단과 문화재 소비층 주변에 재현품을 설치하는 방법도 대안이 될 수 있겠다. 그리고 이렇게 해야지만 우리 세대를 뒤이어 계승할 후속 전문가 집단의 새로운 연구 능력도 복원과 관련해서 중요한 역할을 하지 않을까 기대할 수 있을 것이다.

2) 원주지방 문화재 환수운동의 재음미

1994년 원주지방의 문화재 환수운동이 지방자치의 구현과 동시에 시작되었다는 점은 매우 시사적이다. 20세기 후반 과도한 수도권 집중이라는 역사적 병리현상을 극복하기 위해서는 대한민국 '국민'이라는 정체성과 함께 해당지역 '주민'이라는 정체성이 공존해야 했고, 지방정부와 지방주민이 하나의 공동체로의 특성을 갖기 위해서는 해당 지방 역사와 문화에 대한 재인식이 필요불가분 했기 때문이다. 그러므로 가칭 '타향살이' 문화재 환수 협약에 대한 새로운 인식의 틀을 확보해야 하는데, 이에 도움이 되는 것이 우리 사회에 널리 알려져 있는 20세기 후반 '타국살이'

문화재 환수 국제 협약의 발전 과정이다.

사실 오늘날도 유명 박물관이나 미술관에서 자신이 소장하고 있는 유물의 취득 경위를 명확히 밝히지 않는 경우가 비일비재하다. 아마도 대부분은 불법 유통된 문화재일 것이다. 전시(戰時) 약탈이나 식민지 지배 약탈을 통한 해외 유출은 물론이고, 평시(平時) 도굴, 도난 등 여러 경로의 불법 반출문화재는 온 인류가 힘을 합쳐 보호하여야 했으므로, 20세기 후반만 하더라도 1954년 전시문화재 보호에 관한 협약(헤이그협약), 1970년 문화재 불법 반출입 및 소유권 양도의 금지와 예방 수단에 관한 협약(유네스코 협약), 1995년 도난 내지 불법 수출 문화재의 국제적 반환을 위한 협약(유니드로와 협약) 등 여러 국제 협약이 있었다.[20]

그런데 이들 국제 협약에서 불법 반출문화재에 대해 보호를 해야 한다는 데에는 의견의 일치가 있었지만, 보호 주체나 방식에 대해서는 차이가 있었다. 가령 불법 유통된 문화재를 많이 소장하고 있는 국가는 보호 주체로 '온 인류'를 주장하는 경우(국제주의)가 많았고, 유출국들은 '해당 국가'를 주장하는 경우(국가주의)가 많았다.[21]

'국제주의'는 해당 문화재의 완벽한 보존을 위해서는 보존에 가장 적합한 장소를 택해야 하고(문화재 보존의 원칙), 해당 문화재의 동일성 및 완전성이 훼손되지 않는 장소를 선택해야 하며(문화재 완전성의 원칙), 문화재가 인류 보편의 유산임에 비추어 세계 각국에 적당한 분포를 고려하여 각 국민이 접근 가능하고, 타 민족의 문화적 성취에 이바지 할 수 있는 장소를

---

[20] 이하의 서술은 다음 논문을 참고 하였다. 백충현, 1989 「해외유출·불법반출문화재 반환의 국제법적 규제」『서울대학교 법학』30-3·4호 ; 홍성필, 2000 「문화재의 불법유통에 관한 국제적 규제」『국제법학회논총』45-1(통권87) ; 이동기, 2009 「문화재환수협약의 성립경위와 현황」『법학논총』22-1

[21] John Henry Merryman, "Two ways of thinking about Cultural Property" *American Journal of International Law* Vol. 80(이하 이동기, 2009 앞의 논문에서 재인용)

선택할 수 있다(문화재 분포의 원칙)는 견해이고, '국가주의'는 문화재 유출국이 자신의 국가가 가지는 문화유산에 대해 특별한 이해관계가 있음을 인정하고, 자국의 문화유산은 자국이 소장했을 때 자국민과의 정체성이 확보될 수 있다는 견해이다. 그런데 앞선 논자들의 견해에 따르면, 1954년 헤이그 협약에서는 국제주의 견해가 주를 이루다가, 1995년 유니드로와 (UNIDROIT) 협약에서는 국가주의 견해가 우세해 가고 있다고 한다.

 '타국살이' 문화재 환수에 관한 국제 협약의 추이를 이렇게 정리해 놓고 보니, 원주문화원이 요청한 '타향살이' 문화재에 대한 국립중앙박물관의 회신이 '타국살이' 문화재에 대한 국제주의적 견해와 너무 유사함에 놀라지 않을 수 없었다. 전술한 바와 같이 회신 공문에서 원주문화원이 반환 요청한 문화재는 예전에도 국립중앙박물관의 소장 유물로 등록, 관리, 전시되고 있는 국가소유 문화재이고, 우리나라 석조문화재의 흐름을 관람객에게 효율적으로 보여주기 위해 신축중인 용산 새 국립중앙박물관에서 중요 전시품으로 활용될 예정이어서 반환이 불가하다는 주장은 국제주의가 주장하는 문화재 분포의 원칙과 유사하다. 그리고 국립중앙박물관에서 석조유물들의 안전한 보존 관리와 전시 등을 통하여 문화재가 지닌 가치를 지키고 고양하는데 최선의 노력을 기울이겠다는 주장은 문화재 보존의 원칙과 문화재 완전성의 원칙이라고 할 수 있다. 원주문화원의 '타향살이' 문화재 환수운동을 '지방주의'라고 한다면, 국립중앙박물관의 입장을 '중앙주의'라고 이름 지을 수 있을 것이다.

 이렇게 1기, 2기에 걸친 원주문화원의 '타향살이' 문화재 환수운동 당시 원주문화원과 국립중앙박물관은 문화재의 관리 · 보존 능력을 중심 논제로, 해당 문화재의 국가 대표성과 지방 대표성을 2차 논제로 논의하다가 국립중앙박물관에 원 유물을 두고, 원주에 재현품을 제작 · 설치하는 것으로 일단락 지었다. '지방주의론'에 입각하면, 원 출토지에 유물을 두고, 국립중앙박물관에 재현품을 설치할 수도 있다. 이제는 '국립'으로 대표되는 중앙정부가 과도한 의무감(중앙주의)으로 인하여 '시립'이나 '군립', '구립'이 맡아야 되는 문화자치의 영역(지방주의)까지 짊어지고 가야 하는 어려움은 해소될 필요가 있다. 20세기 후반 지속적으로 '타국살이' 문화재에 대한 국제적인 환수 협약이 '국제주의'에서 '국가주의'로 발전해 가는 방향을 보더라도, '타향살이' 문화재에 대한 국내 협약도 '중앙주의'에서 '지방주의'로 발전해 가는 것이 타당하다.

4. 맺음말

이상과 같이 20세기 후반에서 21세기 초반에 진행된 원주지방 문화재 환수운동과 재현사업, 복원사업은 지역 출토 문화재의 국가 관리와 지역 관리, 유물·유적의 현상 유지와 재현, 복원 등과 관련해서 학계에 많은 연구 과제를 던졌다고 생각된다. 이 가운데 중요한 점을 정리하면 다음과 같다.

첫째, 20세기 말 21세기 초 원주지방의 석조문화재에 한정된 결과이긴 하지만, 문화재 '복원'이라는 용어를 매우 신중하게 써야 한다는 것이다. 흥법사 진공대사탑비에 한정되긴 하지만 국보인 원품(귀부와 이수)과 재현품(비신)을 섞어서 복원품 혹은 재현품이라고 하기엔 문제가 많다. 문화소비자로서의 자세보다는 문화생산자의 태도를 중시하는 것이 현재 단계에서는 우선 고려사항이라고 판단된다.[22]

---

22) 제3조(문화재보호의 기본 원칙) 문화재의 보존·관리 및 활용은 원형 유지를 기본 원칙으로 한다(문화재보호법).

둘째, 재현품인 원공국사승묘탑비의 경우에는 어쩔 수 없이 이른바 '원위치'에 세워졌지만, 이러한 상황이 다시 생긴다면 '원위치'가 아닌 주변 적당한 곳에 사적 공원이나 기념관을 만들어 세우는 것이 적절하다고 판단된다. 많은 문화소비자의 경우 주변에 있는 재현품과, 현상 유지된 유적지에서의 재현품 연상을 통한 문화재 소비 경험을 어렵지 않게 할 수 있고, 후속 학자들의 보다 심화된 연구 결과도 기대할 수 있기 때문에 재현품과 유물·유적의 현상유지는 충분히 공존할 수 있을 것이다.

셋째, 문화재 환수운동의 취지도 학문적인 검토를 거쳐 충분히 되살릴 필요성이 있다. 사실 지금도 합법 혹은 불법적으로 '타국살이' 문화재나 '타향살이' 문화재가 지속적으로 생겨나고 있다. 여러 언론을 통해 국립박물관 수장고의 협소함이 지속적으로 거론되고 있는 것을 보면, 합법적인 타향살이 문화재가 적지 않음을 짐작케 한다.

그렇다면 이미 국립박물관에 소장되어 있거나 소장될 유물들을 시립이나 군립 박물관 수장고를 신축하여 해당 지역에서 출토된 유물 가운데 국가사 정립에 꼭 필요한 유물이 아닌 경우, 시립 혹은 군립과 같은 시군 단위 박물관 수장고에 위탁할 필요가 있다. 시군 단위 박물관의 연구 기능은 국립박물관에서 미처 다루지 못하고 있는 지역 출토 유물 연구에서 시작할 것이고, 유적·유물 사료와 문자·문헌 사료의 빈곤함이 곳곳에 드러나는 해당 지방사 서술도 조금은 부족함이 채워질 것이다. 그러므로 최근 용산소재 국립중앙박물관 주변에 국립 자연사박물관을 포함한 원대한 박물관 복합단지 조성 계획에 방해되지 않는다면, 분명히 지방사 서술에 많은 도움을 줄 유물들의 시군구 단위 박물관 소장에 대해서도 해당 전문가들이 모여 논의할 필요성은 충분하다고 생각한다.

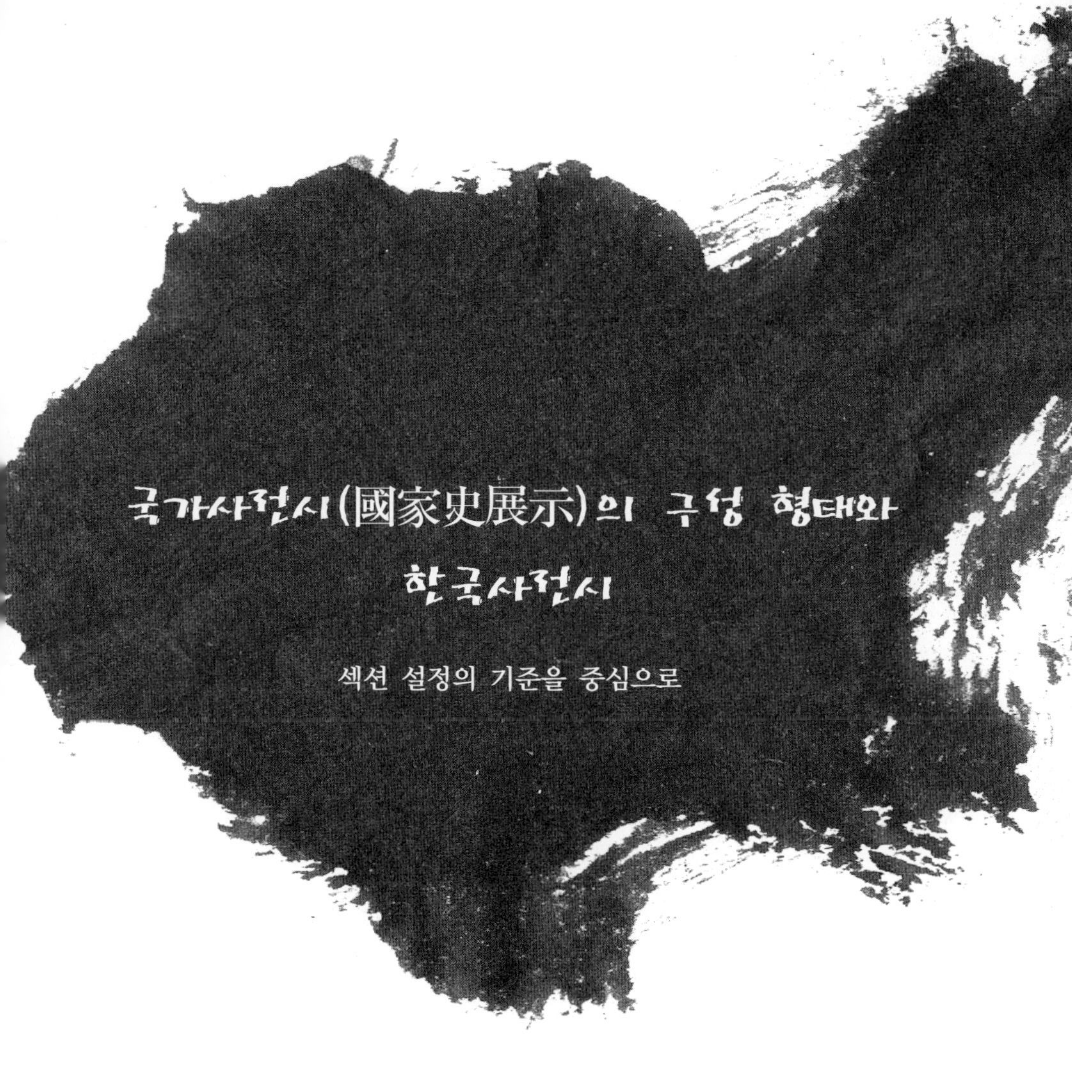

서성호

국립중앙박물관 학예연구관

1. 머리말

역사전시는 그 자체가 역사를 그대로 복원하거나 재현하는 것은 아니지만, 전시품을 매개로 관람객으로 하여금 역사와 소통하게 한다는 점에서 특별한 형태의 역사서술 행위인 것은 분명하다. 유물(이하, 실물자료)의 진열만으로도 전시가 성립될 수 있는 미술전시와 달리, 역사전시는 일정한 역사적 문맥하에 실물자료를 선택·배치하고 그 맥락에 부합하는 해설을 함으로써 비로소 전시로서의 완결성을 갖추게 되는 것이다.[1]

이러한 역사전시의 근간인 역사적 문맥을 관람객들에게 일차적으로 알리는 것은 전시섹션의[2] 명칭이다. 어떤 책의 집필 방향이나 내용이 목차

---

[1] "전시란 '자료＝물건'을 통해 주제를 표현하는 일정한 의도를 가진 행위"로서, "'물건'이 각각 지닌 가치를 제시하는 데 그치지 않고, 그 배치를 통하여 스토리를 전개하는 것"이며, 따라서 "'물건'에 어떤 역할을 수행하게 할 것인가라는 의도를 구비"해야 하는 것이다(長谷川賢二, 2000 「公立博物館の展示と歷史學研究」 『歷史評論』 598, 25쪽).

[2] 많은 나라의 국립역사박물관 영문 홈페이지는 자국사 전시의 최상위 전시구획을

를 통해 그 대강을 보여주듯이, 역사전시의 방향이나 내용은 전시섹션을 통해 그 근간을 드러내는 것이다. 그렇다면 역사전시, 특히 국가사(國家史)전시에서는[3] 섹션 설정을 어떻게 해야 전시의 문맥, 내지 스토리, 나아가서는 전시의 목적이나 박물관의 사명을 효과적으로 관람객에게 전달할 수 있을까? 이 물음에 대해 일률적으로 답하기는 어렵다. 각 나라의 역사나 박물관의 입장 등에 따라 바람직한 섹션설정의 방식이 다를 수 있기 때문이다.

이 글에서는 세계 주요 박물관들의 역사전시 사례들로부터 전시섹션 설정의 유형들을 추출하고, 그러한 유형 설정의 배경이나 효과, 그리고 한국사전시에 대한 적용 문제 등을 생각해 볼 것이다. 이를 통해 한국사전시의 섹션 구성에 대한 논의가 조금이라도 활성화될 수 있다면 필자로서 더 바랄 나위가 없겠다.[4]

2. 분야사전시

국가사전시는 거의 대부분의 나라에서 통사전시 형태를 띤다.[5] 역사

'section'이란 용어로 지칭하고 있다. 'section'은 우리말로 '(전시)구획' 정도가 될 것이나, 여기서는 이를 그대로 살려 '(전시)섹션'이라는 표현을 쓰기로 한다. 이들 '섹션' 내에는 다시 여러 개의 서브섹션(subsection)들이 전시 세부 내용을 구성하게 된다.

[3] '국가사전시'가 아직 학문적으로 공인된 용어는 아니지만, 도시사전시, 기술사전시 등 다른 역사전시 분야들과 구분하는 의미에서 편의상 이를 사용하기로 한다.

[4] 전시섹션 못지않게, 내용 전달의 방식—설명문의 서술 내용과 방향, 전시보조자료(디오라마, 모형, 복제품, 영상, 사진, 삽화 등)의 활용 정도 등—도 향후의 역사전시 담론에서 중요하게 다루어져야 할 것이다.

[5] 일반적으로 '통사전시'란 시간 흐름을 따라 한 시대로부터 다음 시대로 옮아가며 각 시대상을 전시하는 것을 가리키지만, 정치·경제·문화 등 여러 영역에 관해

란 것이 시간 속에 변화해 가는 것인 만큼, 이는 매우 자연스러운 일이다. 그런데 드물기는 하지만 통사전시 대신 분야사전시를 택한 경우도 없지 않다. 워싱턴 D.C.의 국립미국역사박물관(이하, 미국역박)이 그러한 예이다. 다음은 미국역박의 전시섹션들이다.

〈운송과 기술〉
〈과학과 혁신〉
〈미국인의 이상(理想)〉
〈미국인의 생활〉
〈미국의 전쟁과 정치〉
〈엔터테인먼트, 스포츠, 그리고 음악〉

다 알듯이 미국은 짧은 역사를 통해 대단한 정치적 발전과 경제 성장, 군사력 강화와 문화적 성취를 이루었다. 미국역박은 이러한 자국사에 대한 미국인의 자부심을 강화하고, 실로 다양한 인종과 민족들로 구성된 미국인들에게 "미국인으로서의 강한 자의식"을 가지게 하며, 나아가 "미국의 역사를 평생 사랑하게" 만들기 위해 미국의 역사를 전시한다고 밝히고 있다.[6]

넓고 얕게 테마를 설정하는 것이라고 정의되기도 한다(長谷川賢二, 앞의 논문, 27쪽). 이 글에서는 시간 흐름을 좇아 시대에서 시대로 옮겨가는 전시라는 전자의 의미로 이 용어를 사용하였다. 내용면에서 반드시 정치·경제·문화 등 여러 영역 모두를 고루 다루는 것을 전제로 하지는 않았기에 어쩌면 '통시적(通時的) 역사전시'라는 용어가 좀더 적절한 것일 수 있겠으나, '통시'라는 용어가 역사분야에서는 그리 많이 쓰이지 않은 사정을 감안하였다.

[6] 미국역박 홈페이지 「관장의 메시지」 참조. 대부분의 박물관 홈페이지(영문판)에서는 당해 박물관의 나아갈 방향이나 사회적 기능 내지 목표를 "mission", 즉 "사명"이라는 용어로 표현하고 있어서 박물관의 성격을 이해하는 데에 큰 도움이 된다. 미국역박도 "사명"을 별도로 홈페이지에서 밝히고 있긴 한데, 타 박물관의 그것과 달리 매우 일반적인 내용이어서 미국역박만의 특성을 찾아내기는 어렵게 되

위의 분야별 전시섹션들은 바로 이와 같은 미국역박의 입장을 구현하기 위한 것이라 할 수 있다. 즉 미국이 짧은 역사를 통해 세계사적으로 유례없는 발전을 이룩한 분야들을 섹션으로 설정함으로써 이를 효과적으로 보여주고자 한 것이다. 미국사를 일정한 기준에 따라 시대구분하는 것이 불가능하지는 않겠으나, 굳이 통사전시를 할 경우, 〈운송과 기술〉, 〈과학과 혁신〉, 〈엔터테인먼트, 스포츠, 그리고 음악〉, 〈미국의 전쟁과 정치〉 등과 같은 각 분야의 특징적 성취나 사건들이 여러 섹션으로 분산됨으로써 관람객이 느끼는 시각적 인상(印象)이나 전시효과, 교육적 충격 등은 현격히 약화될 수밖에 없기 때문이다.[7]

물론 미국역박이 전시에서의 통사적 요소를 전혀 부정하는 것은 아니다. 전시의 전체적인 기본구성은 분야사 구성이지만, 각 분야별 섹션 내에서는 시간의 흐름을 살려 통사성을 구현함으로써 분야사 전시 본래의 취지와 전시효과를 제대로 살리고 있다. 예컨대 〈운송과 기술〉 섹션의 서브섹션 「이동 중에 있는 미국」에서 철도와 전차, 자동차 등이 미국인의 일상과 경치를 어떻게 바꿔놓았는지를 시간 흐름을 따라가며 보여준다든가, 섹션 〈미국의 전쟁과 정치〉의 서브섹션 「자유의 대가 : 전쟁 중의 미국인들」에서 인디언 전쟁 시기로부터 최근의 이라크 전쟁에 이르는 미국의 군사 역사를 전시하고 있는 것 등은 그 좋은 예이다.

이처럼 미국사를 분야별로 전시하고 있는 미국역박의 방식은 한국사의 전시에는 그리 적합하다고 보기 어렵다. 우리 역사가 미국사에 비교할

어 있다(예컨대 "학습의 기회를 창출하고 상상력을 자극하며, 미국의 과거에 대한 도전적인 아이디어들을 제공"한다는 것 등이 그러하다). 대신 위에 소개한 「관장의 메시지」가 다른 박물관의 "사명"에 해당하는 내용을 담고 있어서 참고가 된다.

[7] 예컨대 현재의 〈운송과 기술〉 섹션에 진열되어 있는 자동차들을 통사전시에 따른 섹션 속으로 흩어 진열한다면, 미국이 자랑하는 자동차 기술 발전의 흐름을 시각적인 임팩트와 함께 보여주기는 어렵다.

수 없을 만큼 길 뿐만 아니라, 미국사처럼 분야별로 전시한다고 하더라도, 현재의 국사교과서 같은 구성이 될 것이다. 즉 정치나 경제, 사회, 문화 등과 같은 분야들을 섹션으로 설정한 다음에 다시 그 섹션 내부에서는 선사 또는 고대로부터 조선시대에 이르는, 시간적 흐름을 살리는 통사적 구성을 하지 않을 수 없기 때문이다. 이러한 방식은 전시 구성 방식으로서는 그리 바람직한 것이라 하기 어렵다.[8] 각 분야—정치, 사회, 경제, 문화—의 시대적 흐름은 보여줄 수 있을지언정, 고려나 조선과 같은 특정 시기의 종합적인 역사상이나 시대상을 보여줄 수는 없기 때문이다.

3. 테마 망라적 통사전시

국가사전시가 미국역박처럼 분야사전시의 형태를 취한 것은 미국사의 특징적 성취와 중요 사건들을 전시를 통해 효과적으로 드러내기 위한 것이라 할 수 있다. 그러나 앞서도 말했듯이 국가사전시가 이처럼 분야사 구성을 취한 사례는 매우 드물며, 대부분은 통사전시 형태로 구성하고 있다. 그런데 통사전시라 하더라도 그 섹션 설정의 형태는 다양하게 나타난다. 러시아 모스크바의 국립러시아역사박물관(이하, 러시아역박)처럼 자

---

8) 2002년 이전의 국사교과서는 전통적으로 왕조국가별 시대 구분에 따라 서술되었으나, 이른바 7차 교육과정에 따라 2002년부터는 분야사(분류사) 형태, 즉 ■통치구조와 정치활동, ■경제구조와 경제생활, ■사회구조와 사회생활, ■민족문화의 발달 등과 같이 정치·경제·사회·문화 식의 분야별 서술이 되고 있다. 그런데 이들 각 분야 내에서는 다시 고대−중세−근세로 이어지는 통사적 서술이 이루어지고 있다. 예컨대 ■통치구조와 정치활동이라는 분야는 ●고대의 정치, ●중세의 정치, ●근세의 정치 식으로 서술되어 있는 것이다. 이는 주로 텍스트를 매개로 한 국사교과서에서는 나름대로 개선된 것일지 모르나, 제한된 공간에서 구체적인 실물자료를 매개로 시대상이나 문화상을 보여주는 역사전시에는 적합하지 않은 구성 방식이라 하겠다.

국사의 주요 역사상을 다양한 분야에 걸쳐 망라적으로 테마화한 경우도
그중의 하나이다.

〈구석기시대 초기: 원시사회의 성장(2,500만~4만년 전)〉
〈구석기시대 후기(4만~11,000년 전)〉
〈신석기시대(6천~3천년 B.C.)〉
〈청동기 시기(4천~2천년 B.C.)〉
〈초기 철기 시대의 동부유럽과 북부 아시아(1천년 B.C.)〉
〈동부유럽과 고전 고대(6세기 B.C.~3세기 B.C.)〉
〈중세 초기의 동부유럽과 아시아(3~8세기 초)〉
〈9~12세기의 舊 러시아 국가〉
〈舊 러시아 도시(11세기~13세기 전반)〉
〈대내외 정책(12세기 중엽~13세기 전반). 러시아의 봉건적 분할〉
〈11~13세기 전반의 舊 러시아의 문화〉
〈동부유럽에 대한 몽골인들의 침략. 독일과 스웨덴 침략자들에 대한 러시
  아의 투쟁(13~15세기)〉
〈해외 침략자들에 대한 러시아의 투쟁. 러시아 영토의 통합. 13~15세기의
  러시아 국가의 성립과 강화〉
〈14세기~16세기 초의 러시아 문화〉
〈5~17세기의 러시아의 도시. 러시아 국가의 봉건적 관계들〉
〈16~17세기의 수공업과 상업〉
〈16~17세기의 시베리아〉
〈16~17세기의 러시아 왕실과 공공행정〉
〈16~17세기의 러시아 정교 교회〉
〈16~17세기의 러시아 문화〉
〈16~17세기의 러시아의 대외정책과 무장한 군대〉
〈표트르 대제 시대의 러시아. 18세기 1/4분기〉
〈표트르 대제 계승자들 치하의 러시아 1725~1762〉

〈표트르 이후 시기의 러시아 전통 문화〉

〈예카테리나 대제의 "계몽 절대주의"〉

〈전제주의, 러시아 사회와 프랑스 혁명. 파베르 1세 치하의 러시아〉

〈국제관계 체제 속의 러시아. 18세기 후반〉

〈러시아 제국의 경제와 주민의 계급. 18세기~19세기 전반〉

〈1812년 애국전쟁의 시기〉

〈러시아의 도로들〉

〈알렉산드르 1세 시기의 러시아. 전제주의와 사회〉

〈니콜라이 1세 시기의 러시아. 전제주의와 사회〉

〈1860~1880년대 개혁 시기의 러시아〉

〈개혁 이후 러시아의 경제〉

〈러시아 문화 속의 전통과 변혁. 19세기 후반~20세기 초반〉

한 나라의 역사를 시기 구분할 때 국체(國體)나 정치, 외교, 전쟁 등의 체제를 위주로 하는 경우가 많다. 러시아의 경우도 예컨대 키예프 공국(9~12세기), 블라지미르－수즈달 공국(12~14세기), 노브고로드 공국(12~15세기), 몽골 침략기(1220~1240년대), 몽골 점령기(1240~1480년대), 모스크바 대공국(1340~ 1547년), 모스크바 러시아(1547~1721년), 러시아 제국(1721~1917년), 소비에트 러시아(1917~1922년) 등으로 그 역사를 구분할 수 있을 것이다. 그럼에도 러시아역박의 전시구성은 이러한 체제나 다른 어떤 일관된 기준으로 시대구분을 하고 있지 않다. 크게 보아 시간 흐름을 따라가는 통사전시이면서도, 시간 범위의 중첩에 크게 개의치 않고 영토·정치·행정·전쟁·군사·경제·문화·도시 등 자국사에서 중요한 역사상으로 판단되는 것들을 전시테마, 즉 섹션명으로 설정하고 있는 것이다. 러시아역박의 이러한 전시구성은 다음과 같은 입장과 무관하지 않을 터이다.

· 방문자들과 일반 대중의 역사적 기억을 발전시켜 풍부하게 하고,
· 러시아 역사의 거의 알려져 있지 않거나 잊혀져버린 사건들, 사실들, 사
  람들을 포함한 러시아인들의 물질문화 및 정신문화와 관련된 박물관 실
  물자료들과 소장품 중 특별한 종류를 보여주며,
· 문화유산의 다양함을 모두 나타내는 것[9]

즉 러시아역박은 자국사의 사건과 사실, 사람, 그리고 그들의 물질적·
정신적 문화유산에 걸친 다양하고 풍부한 역사상들을 최대한 박물관 관
람객들에게 보여주고자 한 것이다. 러시아역박의 섹션명들이 어떤 일정
한 기준이 없이 다소 산만하게 설정된 것으로 보이기는 하지만, 그것은
어디까지나 풍부한 소장품을 바탕으로[10] 위와 같은 박물관의 전시개념
을 실현하기 위한 것이라 해도 될 것이다. 더구나 일부 섹션 간의 연대기
의 중복에도 구애되지 않고 전시내용을 섹션명으로 표현하려 했다는 점
은 전시에서 보여주려고 하는 내용을 다양한 테마로 묶어 범주화하려는
의도에서 비롯된 것으로 볼 수밖에 없고, 이 점에서 뒤에 볼 왕조국가별
구성에 비해 메시지 전달에서 일정한 장점을 지닌다고 하겠다.

문제는 이러한 러시아역박식 테마 설정이 중앙박의 한국사전시에 적
합한 것인지의 여부인데, 이에 대한 답은 부정적이다. 무엇보다 가용 실
물자료의 태부족으로 러시아역박식의 다양한 테마들을 설정하는 것 자
체가 거의 불가능한 까닭이다. 우리 역사는 구석기 시대 이래 고려·조
선시대에 이르기까지 실로 유구함을 자랑하지만, 그 유구함에 상응하는
실물자료는 매우 빈약한 게 사실이고, 심지어 각 시대의 핵심 역사상조
차 관련 실물자료가 없는 경우가 허다하기 때문이다. 실물자료의 부재

---

9) 이상, 러시아역박 홈페이지 참조.
10) 러시아역박의 소장 실물자료는 현재 매우 다양한 종류에 걸쳐 약 4백만~5백만 점
   에 달한다고 한다(러시아역박 홈페이지 관장 인사말 참조).

내지 부족에 대해서는 뒤에 왕조국가별 전시구성과 관련하여 다시 언급할 것이다.

4. 체제별 통사전시

러시아역박과 달리 전시섹션명[섹션 테매을 망라적으로 설정하지 않고, 중요한 정치외교체제나 국체(國體), 전쟁과 같은, 말하자면 국가 구성원들 삶을 제약하는 외피로서의 '체제'(이하, 체제)라 할 수 있는 것들을 기준으로 설정한 형태도 있다. 독일 베를린의 독일역사박물관(이하, 독일역박)이 그 대표적인 사례인데, 이를 편의상 '체제별 통사전시'라고 부르겠다.[11]

    ▷ 통사전시 공간 : '시대실'
    〈초기문화와 중세 : 100B.C.~1500〉
    〈종교 개혁과 30년 전쟁 : 1500~1650〉
    〈유럽의 군주 지상권과 독일의 이원체제 : 1650~1789〉
    〈프랑스 혁명에서 제2 독일제국까지 : 1789~1871〉
    〈독일제국과 제1차 세계대전 : 1871~1918〉
    〈바이마르 공화국 : 1918~1933〉
    〈국가사회주의(Nazi) 체제와 제2차 세계대전 : 1933~1945〉
    〈연합국 점령 하의 독일 : 1945~1949〉
    〈분단 독일과 재통일 : 1949~1994〉

---

[11] 뒤에 볼 왕조국가별 전시구성에서 각 섹션의 명칭이 되는 왕조국가명은 그 자체로서 어떤 역사성이나 시대성도 드러내지 않는 만큼 일단 체제별 전시구성과는 구별하였다.

▷ 주제전시 공간: '집중정보실'
〈성(性)과 성(性)의 관계〉
〈노동과 직업의 변화〉
〈영성(靈性), 종교, 그리고 교회〉

　독일역박의 전시에서 핵심을 이루는 것은 통사전시 공간('시대실')인데, 앞서 말한 의미의 체제를 기준으로 구성되어 있다. 이러한 구성은 앞서 본 러시아역박과 같은 테마 망라적 구성에 비해, 외견상 섹션별 테마(섹션명)가 일관된 기준하에 설정되고, 테마 자체가 나름대로 시대성과 역사성을 담고 있다는 점에서 한결 다듬어진 느낌이 있다. 예컨대 〈종교 개혁과 30년 전쟁〉, 〈연합국 점령하의 독일〉과 같은 섹션명들은 단지 해당 섹션이 다루는 내용의 연대 범위를 한정해 주는 데 그치지 않고, 당해 시대를 정치·외교·군사적으로 틀 지우는 대표적 체제를 표현하고 있는 것이다. 그 점에서 전시섹션 입구에서 장차 관람할 전시 내용에 대해 궁금해 할 관람객에게 적잖은 시사를 줄 것이다. 세심한 관람객이라면 다음과 같은 독일역박의 전시개념까지 감지해 낼지도 모른다.

　　· 독일 중심의 관점을 드러내기보다, 이웃 나라들과의 다양한 형태의 교류와 정치적·문화적 네트워킹을 존중하면서 일관되게 독일의 역사를 유럽적인 맥락 속에 위치지우는 전시
　　· 독일 시민들이 독일인이자 유럽인으로서, (그리고) 한 지역의 주민들이자 세계 범위의 문명의 일원으로서 그들 자신이 어떤 사람들인가에 대한 명확한 생각을 터득하도록 도움을 주는 전시[12]
　　· 유럽사의 결정적 발전기(發展期)와 일치하는 독일사의 초점들에 집중하여 개관(槪觀)하는 전시[13]

---

12) 이상, 독일역박 홈페이지(영문판) '상설전시' 참조.

　· 독일 자체만이 아닌, 독일이 보는 외국과 외국이 보는 독일을 보여주는
　전시[14]

　다만 위의 섹션들은 유럽사와 독일사의 긴밀한 관계를 전제로 한 체제를 기준으로 설정된 것들이어서 사회사와 일상생활 같은 부분을 중심적인 관심사로 다룬 것은 아니다. 이 점을 고려하여 마련된 것이 주제전시 공간('집중정보실')인데, 이곳은 〈성과 성의 관계〉, 〈노동과 직업의 변화〉, 〈영성, 종교 그리고 교회〉와 같은 "독일의 역사 속에서 계속 제기되는 문제들을 비교적인 관점에서 살펴보게 한 공간으로서, 사회사와 일상생활을 묘사하며 삶의 상이한 형태와 구조들을 설명하는 데에 도움을 준다."[15]

　그렇다면 이러한 전시구성이 한국사전시에도 유효할까? '집중정보실'과 같은 주제전시 공간의 유무를 떠나,[16] 한국사전시를 체제별로 구성하

---

13) 독일역박 홈페이지(영문판) '독일역박과 그 전시를 지배하는 개념들' 참조. 한편 이러한 독일역박의 전시개념들은 당초 독일역박 탄생 과정에서 심각하게 제기되었던 일부 지적들과 무관하지 않아 보인다. 1980년대에 새 독일역박 건설이 논의될 당시, 새 독일역박의 건설이 자칫 나치즘의 폐해와 범죄의 역사를 희석하거나 축소하여 국가 주도의 신보수주의적이고 단정적인 역사 해석으로 유도함으로써 1933년 이전 1,000년의 독일역사로부터 얻어진 집단적 민족 자긍심을 정당화할 가능성에 대한 지식인들의 심각한 우려와 비판이 있었기 때문이다. 독일역박의 건립 과정에 대해서는, 한스 오토마이어, 2006, 「베를린 독일역사박물관의 과제와 기회」『도시역사박물관의 현황과 과제』(서울역사박물관 국제학술강좌 제2집), 서울역사박물관, 67~71쪽 참조.

14) 한스 마르틴 힌츠(Hans Martin Hintz) 독일역박 국제교류 디렉터가 2008년 10월 13일 이곳을 방문한 필자를 포함한 중앙박 역사부 출장팀과의 면담에서 소개한 박물관 전시개념이다.

15) 독일역박 홈페이지(영문판) '독일역박과 그 전시를 지배하는 개념들' 참조.

16) 독일역박처럼 통사전시 공간 외에 별도의 주제전시 공간을 설치·운영하는 형태는 멕시코 멕시코시티 국립역사박물관(Museo Nacional de Historia)에서도 보인다. 이곳의 통사전시는 〈고립된 두 대륙 : ~1521〉, 〈신(新) 스페인 왕국 : 1521~1821〉, 〈독립전쟁 : 1810~1821〉, 〈젊은 국가 : 1821~1867〉, 〈근대의 건설 : 1867~1910〉, 〈20세기 : 1910~〉 등의 섹션들로 구성되어 있으며, 별도의 주제전시 공간으로 〈개인 일상생활의 역사〉, 〈공작석실(孔雀石室 : 장신구, 장식품, 생활용품 중 미술품 등

기 위해서는 우선 체제에 초점을 둔 시대구분이 가능해야 하고, 다음으로 각각의 체제를 부각할 만한 실물자료가 구비되어야 한다. 그러나 한국사전시의 경우 이 두 가지 모두 부정적이다. 체제를 기준으로 일관되게 한국사의 시대구분을 하기에는 현 학계의 이견들이 워낙 다양한 데다, 설사 그러한 이견들이 적절히 수렴되더라도 각 체제에 상응하는 실물자료가 없거나 매우 빈약하기 때문이다. 이에 대해서도 뒤에 왕조국가별 구성에서 구체적으로 언급할 것이다.

그런데 이와 같은 사정들에 앞서 보다 본질적인 의문이 있다. 한국사의 체제별 전시가 어떤 의미를 가지는가 하는 것이 그것이다. 앞서 보았듯이 독일역박의 체제별 전시구성은 어디까지나 독일역박 자체의 전시개념에서 비롯된 것으로서, 나름으로 뚜렷한 합목적성을 지닌다. 즉 전(全) 유럽적 맥락에서 독일을 이해하고 독일인의 눈으로 유럽의 역사를 바라보기 위하여 유럽사의 결정적인 발전기와 일치하는 독일사의 초점들에 집중하여 전시한다는 당초의 목적이 있고, 이를 위한 방법으로서 유럽과 독일을 하나의 네트워크로 규정하는 체제들을 기준으로 전시를 구성한 것이다.

이러한 체제별 전시가 중앙박 한국사전시에도 유효할지는 의문이다. 중앙박이 박물관 사명이나 전시개념을 따로 밝힌 것은 없다. 그러나 이른바 민족정체성 확인과 한국인으로서의 자긍심 함양이 박물관 사명이나 전시개념의 중심을 이룬다고 봐서 무리가 없다면,[17] 중앙박의 전시개

을 다룸)〉, 〈총독실〉 등의 섹션들이 마련되어 있다. 크게 보아 독일역박과 같은 체제별 구성이라 할 만하다.

[17] 국사교과서가 밝히는 국사교육의 목적이 곧 한국의 박물관을 대표하는 중앙박의 한국사전시의 목적이라고 보아도 무리가 없을 것이다. 즉 ①민족 정체성의 확인, ②한국인으로서의 자긍심 함양, ③역사적 사고력과 비판력을 함양하는 것(『고등학교 국사』(2006, 교육인적자원부) 머리말 및 10~13쪽 참조)이 곧 중앙박 한국사

념에 보다 부합하는 것은 체제별 전시라기보다 민족문화의 특성을 드러
내고 자긍심을 기를 수 있는 생활·문화사[18] 위주의 전시구성이 아닐까
한다. 물론 정치체제의 발전이나 자랑스런 대외관계 등이 민족 정체성
확인과 자긍심 함양과 무관하지는 않다. 그러나 구체적이고 가시적인 형
태와 질량의 실물자료를 매개로 하는 전시의 특성, 한국사의 여러 체제
와 관련된 실물자료들이 빈약한 실정 등을 고려할 때, 민족정체성 확인
및 자긍심 함양을 체제별 전시구성에서 기대하기는 현실적으로 어려운
게 사실이다.

　물론 체제별 구성이라고 해서, 전시내용 자체가 반드시 체제에 중점을
두어 꾸려져야 하는 것은 아니라고 할 수도 있겠다. 체제별 구성은 단지
시대구분을 위한 편의적인 틀일 뿐이고, 전시의 실제 내용은 문화와 생
활사 등 다양한 분야를 포함하면 된다고 볼 수도 있겠다. 그러나 그러한
경우에도 최소한 생활·문화사의 양상이 각 체제에 따라 상당한 차별성
을 지닌다는 전제 조건은 충족될 필요가 있다. 그렇지 않다면 시대구분
을 위한 기준으로서 굳이 체제가 채택되어야 할 타당한 이유를 찾기 어
려운 까닭이다.

　한국사에서 체제와 생활·문화의 양상이 한 덩어리가 되어 변화해 가
느냐의 문제는 그 점에서 중요한 논점이 될 것이다. 주지하듯이 고려나
조선처럼 세계사에 유례가 드문 장기지속 왕조들의 경우, 왕조 체제하의
생활·문화와 사회경제의 양상이 고려와 조선 간에 서로 상당한 차별성
을 지닌다는 것은 대체로 인정되는 바이다. 그런데 왕조 기준 이외의 '체
제' 기준, 가령 〈삼국통일전쟁 시기〉나 〈진골귀족의 시대〉, 〈호족의 시대〉,
〈문벌귀족의 시대〉, 〈무신들의 시대〉, 〈대몽항쟁의 시기〉, 〈붕당정치의

....

　전시의 주요 목적이라 할 것이다.
[18] 생활·문화사 중심 전시에 대해서는 6장 참조.

시기〉, 〈탕평의 시대〉, 〈세도정치의 시기〉와 같은 체제 기준의 섹션들을 상정할 경우, 이들 체제하의 생활·문화사와 사회경제적 사상(事象)들이 과연 전국적인 범위에서 상당한 정도의 변별성을 띤다고 볼 수 있는가라는 근본적인 의문을 피하기 어려울 것이다.[19]

5. 왕조국가별 통사전시

1) 사례와 장단점

통사전시의 대표적 구성 형태의 하나는 왕조국가별 전시구성이다. 이는 말 그대로 왕조국가의 이름들을 각 섹션의 명칭으로 삼는 구성으로서, 한국의 중앙박이 대표적인 경우이며,[20] 중국 베이징의 중국국가박물관(이하, 중국박)도 비록 여러 왕조들의 명칭을 병합한 것이긴 하지만, 역시 왕조국가를 기준으로 한 섹션 구성이라 할 것이다.

---

[19] 국가사전시의 경험과 이론적 성과가 축적된 일본에서도 이 점이 지적된 바 있다. 즉 8세기의 율령체제 성립이나 12세기 후반의 가마쿠라막부 성립, 16세기 말의 도요토미 정권의 전국통일과 같은 여러 체제들이 전국을 일률적으로 사회·문화 등 모든 사상(事象)에 걸쳐 시대의 경계선을 이루는 양 이야기되고 있고, 대부분의 일본사전시 관람자들도 그렇게 생각하는 경향이 있지만, 실제는 그렇지 않다는 것이다(長谷川賢二, 앞의 논문, 27쪽).

[20] 중앙박 한국사 전시는 선사 공간의 구석기실, 신석기실, 청동기실을 제외하면 모두 왕조국가별 섹션들로 되어 있다. 선사시대부터 조선말까지로 이어지는 한국사 통사전시는 우리나라 박물관 전시 역사상 최초의 것으로 큰 의미를 가진다. 다만 선사·고대관(구석기실, 신석기실, 청동기·고조선실, 부여·삼한실, 고구려실, 백제실, 신라실, 가야실, 통일신라실, 발해실)은 옛 고고부가 고고학적 관점에서 전시한 것으로, 역사부가 담당한 중·근세관(고려실·조선실)과는 그 성격이 자못 다르다고 할 수 있다. 일단 통사체제를 갖춘 만큼, 앞으로 이러한 이질성을 줄여 나가야 할 것이다.

〈중앙박〉

〈구석기〉〈신석기〉〈청동기·고조선〉〈부여·삼한〉〈고구려〉〈백제〉
〈가야〉〈신라〉〈통일신라〉〈발해〉〈고려〉〈조선〉

〈중국박〉

〈원고시기(遠古時期)〉〈춘추전국시기(春秋戰國時期)〉
〈진한시기(秦漢時期)〉〈삼국양진남북조시기(三國兩晉南北朝時期)〉
〈수당오대시기(隋唐五代時期)〉〈요송하금원시기(遼宋夏金元時期)〉
〈명청시기(明淸時期)〉

　왕조국가별 전시구성은 말할 필요도 없이 그 나라의 역사가 왕조국가
의 역사로 이어져 온 데서 비롯된다. 이런 구성을 택한 박불관으로서는,
국민 절대 다수가 익숙한 왕조국가의 명칭들을 전시섹션의 명칭으로 내
세워 같은 국민(민족)으로서의 집단적 정체성을 확인하게 할 수 있다고 기
대했을 터이다. 또 그 나라의 역사에 따라서는 자국사의 유구함이나 그
과정의 여러 성취에 대한 자긍심까지 고취할 수도 있을 것이다.

　사실 집권 왕조국가의 경험이 없거나 짧은 나라들과 달리, 한국이나
중국, 베트남[21] 등에서는 왕조국가의 이름들만큼 구성원의 의식 깊숙이
자리 잡은 역사적 아이콘도 드물다. '신라'나 '고려', '조선', '당', '송', '요',
'원', '명', '청', '쩐', '리'와 같은 왕조국가의 이름들은 한국이나 중국, 베트

---

21) 베트남 하노이의 국립베트남역사박물관도 내용적으로는 왕조국가별 구성에 속한
　　다고 할 수 있다. 이 박물관은 베트남사 전시를 〈원시시대의 베트남〉, 〈초기 국가
　　건설에서 쩐 왕조까지〉, 〈호 왕조에서 1945년 8월의 혁명까지의 베트남〉, 〈샴
　　파(Champa) 석조(石彫) 컬렉션〉 등 4개 섹션으로 구성하고 있는데, 이 중 조각품
　　전시공간인 〈샴파 석조 컬렉션〉과 〈원시시대의 베트남〉을 제외한 두 섹션은 모두
　　「응오-딘-레 이전의 왕조들」, 「리 왕조」, 「쩐 왕조」, 「호 왕조」, 「초기 레-막 왕
　　조」, 「떠이선 왕조」, 「응우옌 왕조」 등의 서브섹션들로 구성되어 있다(국립베트남
　　박물관 홈페이지 (영문판) 참조).

남의 국가 구성원들에게 그 집단적 정체성을 대변하는 것이고, 그 역사가 유구하거나 문화적 성취가 훌륭하다고 여길 경우에는 더더욱 집단적 자긍심을 고취하는 상징들이 될 것이다.[22] 중국박이 선사시대로부터 청말 아편전쟁 이전까지를 전시한 상설전시관 "고대 중국"에 대해 소개한 내용(①)이나, 대외적으로 명시한 중국박의 목표(②)는 이러한 점에서 참고할 만하다.

① 상고시대에서 청나라 말기에 이르는 중국의 기나긴 역사의 흐름을 체계적으로 전시하여, 중화문명의 지속적인 발전 특징과 여러 소수민족이 공동으로 만들어가는 다민족국가의 역사 발전 과정을 전반적으로 보여주고 있다. 이와 더불어 중화민족이 정치, 경제, 문화 등 여러 방면에서 이룩한 찬란한 성과와 인류문명에 대한 위대한 공헌을 보여주고 있다.[23]

② 중국이라는 대국의 지위에 맞고 중화민족의 유구한 역사와 찬란한 문명에 부합하며, 크게 발전하는 사회주의 현대화 사업에 적합하고, 나날이 늘어나는 국민의 정신문화에 대한 수요에 부응하는 것이 박물관 건립의 목표.[24]

중국박 스스로 언명한 여러 소수민족이 공동으로 만들어가는 다민족국가로서 중국은 국가구성원의 통합이 주요 과제의 하나일 것이고, 그런 만큼 역사상의 여러 왕조국가 명칭을 매개로 자긍심과 정체성을 강하게

---

22) 물론 왕조의 역사는 한국, 중국 등에만 있는 것은 아니다. 프랑스의 카롤링거, 카페, 발루와, 영국의 노르만, 플랜태지넷, 랭카스터, 독일의 잘리어, 슈타우펜 등 다른 나라 역사에서도 얼마든지 찾아볼 수 있다. 그러나 역사전시의 구성에서 중요한 것은 왕조 자체가 곧 국가와 등치될 수 있느냐 하는 것이다.

23) 중국박 홈페이지, '展覽'-'古代中國'

24) 2009년 11월 3일 중앙박에서 개최된 "한국 박물관 100주년 기념 국제포럼" 『21세기 박물관의 발전 전략과 미래』의 황진춘(黃振春) 당위서기(黨委書記) 겸 부관장의 인사말과 2011년 현재 중국박 홈페이지의 여장신(呂章申) 관장의 인사말 참조.

확인하고 강조할 필요가 있었을 것이다.

중국박처럼 대외적으로 명확히 드러내지는 않지만, 중앙박 역시 민족 정체성의 확인과 한국인으로서의 자긍심 함양이 박물관 사명 내지 전시 개념의 중심을 이룰 것임은 앞서 언급한 바 있다.[25] 이와 관련하여 왕조 국가별 전시구성을 택한 한국이나 중국, 베트남 모두 정체성의 확인과 자긍심 제고, 그리고 이를 통한 국가구성원의 통합을 강하게 요구하는 역사적·사회적 환경 속에 있다는 점도 유의된다. 세 나라 모두 제국주 의 열강에 의한 침탈과, 이에 대한 저항, 그리고 사회 내부의 이념 대립 과 내전, 근래의 급격한 경제성장 및 계층 양극화를 경험하였거나 현재 겪고 있기 때문이다.

요컨대 국가사 전시에서 왕조국가별 구성은 해당 국가의 역사 자체가 왕조와 왕조로 이어져 온 데서 비롯된, 말하자면 태생적으로 지극히 자 연스런 구성방식이면서, 동시에 명시적이든 암묵적이든 민족[국민] 정체

----

[25] 국립역사박물관에서 민족(국민)정체성과 자긍심 함양을 강조하는 것은 21세기의 환경 속에서 더 이상 적절하지 않으며, 국민국가의 폐쇄성을 넘어서는 공동체와 그들에 의해 공유되는 역사를 지향해야 한다는 시각도 있다. 프랑스의 역사학자 앙리 루소(Henry Rousso)는 "국립 역사박물관은 '우리'와 '그들'을 강조하는 경향을 가질 수 있다. 21세기 초두에서의 역사박물관은 국제적 공동체와 공유된 역사를 보다 더 지향해야 한다"면서, "프랑스의 긍지와 국가적(국민적) 정체성"을 강조하 여 논란을 빚은 바 있는 사르코지 대통령의 국립역사박물관 프로젝트에 대해 우 려를 표명했다[영국 가디언(Guardian)지, 2009년 1월 15일(목) 기사]. 앙리 루소의 이 같은 주장은 전 유럽적 시각을 강조한 독일역박의 전시개념과 상통하는 면이 있다. 다만 화폐통합과 함께 실질적인 유럽공동체를 지향하고 있는 유럽 국가들과 한국의 상황을 동일한 관점에서 보기 어려운 부분이 있다. 한국의 경우 국제적, 또 는 민족 내적인 여러 조건상 민족 또는 국민국가라는 개념이 여전히 유효하다고 여겨지기 때문이다. 물론 그렇다고 해서 국립박물관 국가사전시의 목표나 개념이 정체성의 확인과 자긍심의 함양에만 집중되어야 한다는 것은 아니다. 국사교과 서도 아울러 강조하고 있는 "역사적 사고력과 비판력의 함양", "개방적 민족주의", "세계 시민의식을 (주체의식과) 함께 높이"는 일(2006 『고등학교 국사』, 교육인적 자원부, 머리말 및 10~13쪽 참조)은 당연히 한국사전시가 지향해야 하는 목표이자 가치이기 때문이다.

성의 확인과 자긍심 함양을 요구하는 역사적·사회적 환경 속에서 선택된 측면이 강하다고 생각되는 것이다.

왕조국가별 전시구성은 이 같은 장점과 명분을 지닌 한편에서, 전시구성 방식 자체로서 문제점이 없지는 않다. 전시 내용에 대한 호기심으로 섹션 입구에 서 있는 관람객들에게 〈신라〉, 〈고려〉, 〈요송하금원시기(遼宋夏金元時期)〉, 〈명청시기(明淸時期)〉와 같은 섹션명들은 어떤 참신한 자극이나 호기심을 불러일으키기 어렵기 때문이다. 말하자면 왕조국가의 이름으로 된 섹션명들은 관람객들에게 어떠한 새로운 신호도 주지 못하는 매우 익숙하고 진부한 언어인 것이다.

물론 이러한 약점은 섹션 안에 다양하고 적절한 서브섹션들을 설정하고 관련 실물자료들을 풍부히 전시함으로써 보완될 수 있을 것이다. 왕조국가 시대의 다양한 모습들을 풍부하게 보여주면 관람객이 해당 왕조국가 시대의 총체적 역사상을 구축하는 데에 도움이 된다고 볼 수 있기 때문이다. 그러나 이는 어디까지나 여러 역사상과 관련된 실물자료를 다양하고 풍부하게 소장할 때 가능한 일이며, 중앙박의 경우처럼 각 왕조국가 시대의 여러 역사상과 관련된 실물자료가 크게 부족한 경우에는 해당되지 않는다.

그러나 왕조국가별 구성의 문제는 이러한 실물자료 현황을 떠나 보다 본질적인 차원에서 제기될 가능성도 있다. 설사 왕조국가 시대의 다양한 역사상과 관련한 소장 실물자료가 풍부하다 하더라도, 내부 서브섹션들을 역사교과서 목차처럼 망라적으로 설정하면26) 그것이 과연 전시방식

---

26) 예컨대 중국박에서는 〈요송하금원시기〉 섹션을 「다민족 정권의 병립과 통일」, 「요송하금원시기의 경제」, 「요송하금원시기의 사회생활」, 「중국과 외국의 교류와 해외 무역」 등의 서브섹션들로 구성하고 있다(중국박 홈페이지 참조). 여타의 섹션들도 모두 다민족으로 이루어진 중국의 역사적 특성상 통합에 크게 유의하며 설정된 정치 부분의 서브섹션과 함께, 각기 그 시기의 경제, 사회, 문화, 대외교류

으로서 바람직한가에 대한 의문이 제기될 수 있다. 풍부한 실물자료를 통해 각 왕조국가시대의 다양한 분야들을 전시해냄으로써 관람객으로 하여금 그 시대의 총체적인 상을 가질 수 있게 도움을 줄 수 있다는 긍정적 의미 부여도 가능하지만, 교과서처럼 망라적인 서브섹션들은 오히려 해당 왕조국가 시기 역사·문화의 개성적 면모의 초점을 흐트러뜨릴 수 있다는 상반된 견해도 얼마든지 제기될 수 있다고 보이기 때문이다.

2) 한국사전시 상의 문제

왕조국가별 전시구성은 위와 같은 측면들이 있지만, 적어도 왕조국가마다의 핵심 역사상과 관련한 실물자료를 구비하고 않고서는 그 본래의 취지를 충분히 살릴 수 없다는 점이 중요하다. 이는 중앙박의 한국사전시에서도 결코 예외일 수 없으며, 그중에서도 고고학적 관점의 선사·고대관이 아닌, 역사학의 맥락으로 전시된 중근세관(고려실·조선실)의 경우는 더욱 그러하다고 할 수 있다. 대중은 학교에서 배운 국사교과서 해당 왕조 부분의 항목들—정치구조나 중앙·지방행정 제도, 토지제도, 사회경제구조, 문화예술 등—마다의 중요 역사상들이 실물자료를 통해 전시될 것이라 기대하는 것이 일반적이기 때문이다.

예컨대 필자가 전시를 기획·담당했던 중앙박 고려실의 경우, 고려시대의 핵심 역사상이면서도 관련 실물자료가 아예 없거나, 있더라도 매우 빈약하든가, 상설전시를 위한 장기 대여가 사실상 불가능한 외부 소장품들이어서 전시되기 어려운 것들이 많다. 고려 개조(開祖) 왕건의 후삼국 통합과 민족의 재통일,27) 한국사상 최초로 성립·운영된 양반제(兩班制), 조

부문을 그 명칭으로 하는 서브섹션들로 이루어져 있다.

27) 고려 태조와 관련한 실물자료로는 실물대 고려태조 청동상(〈사진 1〉)이 대표적이

선시대에는 상상조차 할 수 없는 왕실 근친혼, 사회 여러 부면에 걸쳐 관철된 고려 특유의 양측적(兩側的) 친속관계,28) 조선시대와는 자못 달랐던 여성의 지위와 혼인풍속, 선종불교와 함께 이른바 중세적 지성의 지평을 연 유교정치이념의 성립, 특유의 지방제도인 오도양계제(五道兩界制), 고려의 개방성과 역동성의 상징처럼 인식되는 벽란도와 아라비아 상인, 개경 문벌귀족 사회의 여러 특성이 함축되어 표출된 이자겸의 난·묘청의 난, 유·불·도가 큰 갈등 없이 공존한 정신문화, 농민의 복식과 농경 형태,29) 고려후기 왜구와의 전쟁

〈사진 1〉 고려 태조 왕건 청동상 (10세기 중반, 개성시 해선리 현릉 출토, 높이 138.3cm, 개성 고려박물관)

고, 전시효과도 크다. 다만 이것은 북한 개성 고려박물관 소장품이어서 상설전시가 불가능하다. 대신 현재 고려실에는 노영필 담무갈보살도(세로 22.4cm, 가로 10.1cm. 나무에다 옻칠을 하고 앞·뒷면에 금선으로 그렸음)를 전시하고 있다. 여기서 담무갈보살 앞에 경배하는 태조왕건은 아주 왜소하게 삽화처럼 처리된 모습에 불과하여 눈에 잘 띄지도 않는다. 그나마 실물은 그 상태가 극히 취약하여 전시가 불가능하다(현재 전시된 것은 복제품이다). 그밖에 훨씬 후대에 그려진 왕건의 초상이 수록된 개성왕씨족보 정도가 있다. 이처럼 왕건의 역사적 위치와 비중에 비추어 중앙박에서 전시할 만한 실물자료는 사실상 거의 없는 셈이다.

28) 대중매체를 통해 일반대중에 널리 알려진 천추태후는 고려초기 정치사뿐만 아니라 왕실 근친혼 및 특유의 친속제도와 관련하여 중요한 인물이다. 그와 관련한 실물자료로는 김치양과 공동 발원한 『대보적경』(사경)이 거의 유일한데, 일본 교토 국립박물관에 소장되어 있어서 대여를 통한 상설전시는 불가능하다.

29) 농민들의 복식과 경작 및 수확 노동의 모습을 시각적으로 전해주는 자료는 일본에 소재한 「미륵하생경변상도」(親王院 소장본, 知恩院 소장본, 妙滿寺 소장본)가 사

및 무기발달에서 빼놓을 수 없는 최무선의 화약 제조술, 복식사의 혁명
으로 평가받는 문익점의 목면 수입과 재배 등 고려시대의 핵심 사상(史象)
이면서도 실물 전시가 불가능한 예는 매우 많다.[30]

왕조국가 시대의 주요 역사상과 관련된 실물자료의 부재는 그 시대의
총체적인 역사상은 물론이고, 이처럼 그 핵심 역사상들조차 제대로 보여
줄 수 없게 한다는 점에서 왕조국가별 구성의 취지를 퇴색시키는 요인이
아닐 수 없다. 따라서 차선책은 다른 방향에서 모색될 수 있다. 왕조국가
시대마다 중요 역사상들을 모두 전시하려 애쓸 것이 아니라, 한국사에서
중요한 역사상이면서도 소장하거나 대여하여 전시할 수 있는 것이 아니
라면 테마로 설정하지 않는 것이다. 실물자료를 확보할 수 없는 역사상
은 전시 대상에서 제외하고 대신 비교적 풍부히 소장한 것들을 중심으로
테마화하여 전시하는 것이 현실적인 차선책일 것이다.[31] 구체적으로 말

실상 전부인데, 일시 대여를 통한 특별전 출품은 가능할 수도 있으나(2010년 국립
중앙박물관 "고려불화대전" 출품) 상설전시를 위한 대여는 불가능하다.

[30] 고려시대의 핵심적 역사상과 관련한 실물자료가 마땅히 없다고 해서, 그 역사상을
문자기록으로 담고 있는 『고려사』·『고려사절요』, 각종 문집류와 묘지명 등의 유
물을 사안별로 찢어발겨 전시하는 방식은 매우 바람직하지 못하다. 영상물이나
모형, 디오라마, 복제품, 사진, 삽화와 같은 보조전시자료들에 대해서도 이러한 남
용의 문제점은 다르지 않다고 할 수 있다. 이들이 실물자료의 부재를 메우는 데
효과적으로 활용될 수는 있으나, 그 비중이 과도할 경우 박물관 전시의 정체성 자
체에 대한 의문을 야기할 수 있다. 뒤에 언급하겠지만 역사전시에서 이런 보조전
시자료들을 활용하여 흥미와 메시지의 전달에 성공한 사례들이 있긴 하다. 그러
나 중앙박을 포함한 많은 박물관에서 보조전시자료의 사용은 그야말로 실물자료
를 보완하여 관람객의 이해를 돕는 정도로 최소한에 그쳐야 한다는 것이 현재 한
국 박물관인들의 일반적 인식이다.

[31] 역사전시는 일정한 공간에서 실물자료를 매개로 이루어지는 특수한 역사서술(長
谷川賢二, 앞의 논문, 32~33쪽)이라는 점에서 역사책과는 근본적인 차이가 있다.
따라서 아무리 역사책에서 중요한 역사상으로 서술되었다 해도 실물자료와 전시
공간의 조건이 뒷받침되지 않으면 전시테마로 설정될 수 없다. 그런데 설사 실물
자료와 전시공간이 모두 확보된다 하더라도 그것을 통해 한 시대의 종합적인 역
사상을 총체적으로 보여준다는 것 자체가 과연 가능한가, 그것은 오히려 한 시대

하면, 청자·백자 등의 도자기류, 서예·회화 등의 서화류, 불구(佛具)·장신구·생활도구를 비롯한 각종 금속공예품과 목공예품 등 중앙박이 비교적 풍부히 가지고 있는 소장품들이 표상하거나 직간접으로 관련되어 있는 역사상들을 반드시 테마화하는 것이다.[32]

문제는 중앙박의 경우 이러한 구성방식도 실현하기가 쉽지 않다는 데에 있다. 2005년 용산 새 중앙박에 역사관이 설치되기 이전까지의 유물 분류 관행이 그 이후에도 기본적으로 유지됨으로써 역사관에 전시되어야 할 많은 유물들이 서화관과 조각·공예관에 전시되고 있기 때문이다.

전통적으로 중앙박은 유물을 "고고자료"와 "미술자료"로 양분하여 각각 고고부와 미술부 관할의 전시실에 전시하였다. 그리고 2005년 용산 이전 전까지 이 두 범주에 들지 않으면서 역사적 의미가 있는 유물들을 "역사자료"라 하여 따로 마련된 "역사자료실"에 전시해 왔다. 비석, 태지, 태항아리, 묘지석, 석관, 문서, 지도, 전적, 활자, 화폐, 인장, 증명패(마패·호패), 기록화 등이 그러한 "역사자료"였다. 회화와 서예를 비롯하여, 다양한 금속제품과 도자기, 목제품 등 우리 역사·문화와 관련한 다수의 훌륭한 유물들이 "미술자료"로만 분류되어 역사전시에 활용되지 못한 것이다.

이러한 사정은 후에 중앙박이 2005년 용산으로 이전한 뒤에 설치된 역사관(2004년 신설된 역사부 관할)의 전시는 물론이고, 심지어 시대적 특징을 드러내도록 한 통사전시체제가 구축된 뒤에도(2009년 고려실, 2010년 조선실 신설) 큰 변화가 없었다.[33] 예컨대 고려실의 경우, 하남 하사창동 철불좌상(보물

의 개성적 면모를 퇴색시키는 결과를 초래할 수도 있지 않는가라는 의문들이 일각에 있는 것도 사실이다.

[32] 한국사 통사 전시 중에서 비교적 풍부한 실물자료를 바탕으로 전시가 이뤄져 온 선사·고대관은 여기서 논외로 한다.

[33] 2005년 용산 이전 직후의 역사관전시 및 최근의 통사전시에서 일부 "미술자료"가 전시되기도 했다. 그러나 그것은 큐레이터 간의 호의적 협조에 의존한 매우 제한

제332호, 〈사진 2〉)과 같은 대형 철불,[34] 금동관음보살좌상(〈사진 12〉) 등 원 간섭기 문화 양상의 하나로서 라마 불교의 영향을 보여주는 불상, 천흥사종(국보 제280호, 〈사진 3〉)과 같은 비교적 규모가 큰 범종, 물가풍경무늬 정병(국보제 92호)이나 그에 버금가는 명품 정병, 은입사 장식이 된 향로 등의 공양구(供養具), 관음신앙을 표현한 다수의 수월관음보살무늬 경상(鏡像)이나 금동소탑(金銅小塔), 금동경패(사진 4-1, 4-2)〉처럼[35] 승려들이 불경 연구에 사용한 일종의 편의구나, 금강저 · 금강령, 나전대모국당초문불자(螺鈿玳瑁菊唐草文拂子, 〈사진 5〉),[36] 등 고려 승려들의 지물류, 그리고 고려 문벌층의 귀족적인 문화를 직접 웅변하면서도 함께 출토된 석관 · 묘지명과 달리 조각 · 공예관 청자실의 상설전시유물로 되어 있는 문공유묘출토 청자상감국화넝쿨무늬완(국보 제115호, 〈사진 6〉), 금속공예실에 상설전시되고 있는

된 수준에 머물렀고, 그나마 일부는 짧은 기간만 전시한 후 원 전시부서[미술부]로 반환(?)해야 했다.

34) 현재 조각 · 공예관 불교조각실에 전시되어 있다. 이곳에는 이런 고려시대 대형 철불들이 여럿 전시되어 있다.

35) 경패(經牌)는 경판고(經板庫) 또는 서고(書庫)에서 불경을 쉽게 찾을 수 있게 한 패찰(牌札)로서, 불경을 넣는 나무로 만든 함 옆에 달아서 내용을 표시하는 데 사용된 것으로 보고 있다. 보물 제175호로 지정된 송광사경패가 유명하지만, 상설전시를 위한 대여는 불가능하다. 대신 중앙박의 이 금동경패(신수 15414)가 고려시대 불교문화와 관련한 좋은 전시자료가 되는데, 현재 조각 · 공예관에 미술품('금속공예품')으로서 전시되어 있다. 앞면에 인왕(仁王)으로 여기는 인물과 뱀, 연화문이 배치되었고, 뒷면에는 '대방광불화엄경권제50본(大方廣佛華嚴經卷第五十本)'이라는 명문이 있다.

36) 불자(拂子)는 선승이 수행 시 번뇌와 장애를 물리치는 표지로 손에 드는 불구로서, 보통 가늘고 긴 막대기 모양의 손잡이와 소 · 말의 털로 만든 꼬리털로 이루어진다. 중앙박 소장의 이 불자는 꼬리털은 없어지고 손잡이만 남아 있는데, 양쪽 옆면에 옻칠을 하고 다른 곳에는 미리 삼베를 바른 후 주무늬인 흩국화는 대모로, 조금 더 큰 겹국화는 나전으로 장식하였다. 길이는 42.7cm, 지름은 1.6cm이다. 고려시대의 우수한 나전 불구 중 하나로 평가되는 이 불자는(이종석 외 편, 1981 『한국의 미24 목칠공예』, 도54~56 참조) 나전 · 대모 등을 쓴 고려 미술의 특성을 잘 보여주지만, 고려 불교문화와 그 주체인 선승의 존재를 상기시키는 데 매우 효과적인 유물이다. 현재 조각 · 공예관에 나전목공예품의 하나로 전시되어 있다.

화려한 장도집, 호사스런 은제 잔(〈사진 9〉), 은제금도금 거울걸이(〈사진 7〉), 고려 여인네들이 차고 다녔을 은제향합(〈사진 8〉), 「복녕궁방고」명 은제접시(〈사진 11〉), 금제귀이개(〈사진 10〉), 등 고려시대 역사 · 문화에서 빼놓을 수 없는 불교문화와 신앙, 그리고 왕실과 더불어 고려사회를 쥐락펴락했던, 아직은 유교의 검소 · 담박함의 미덕을 절대시하지 않던 고려 왕조 최상류층의 생활과 문화 등을 웅변하는[37] 많은 실물자료들이 전시되지 못한 것이다.

〈사진 2〉 하남 하사창동 철불좌상 (고려 10세기, 하남 하사창동 출토, 높이 281.8cm, 보물 제332호, 국립중앙박물관)

---

[37] 한 미술사가의 다음과 같은 언급은 참고할 만하다. "청자에 나타나는 비색 유태(釉胎)와 조형의장의 특징들은 불교적 이상세계를 동경한 고려귀족사회의 미의식이 반영된 결과이며 … (조선) 사대부들의 성리학적 근검절약의 조형정신이 그대로 백자에 반영된 것은 지극히 자연스런 일이며, 이러한 사회적 배경에서 청자와 백자의 길은 처음부터 달랐다는 생각을 할 수 있다." 최건, 2011 「고려에서 조선으로, 그리고 청자에서 백자로」 『문화재사랑』 74, 14~15쪽 참조.

〈사진 3〉 통화28년명천홍사동종(統和二十八年銘天興寺銅鐘) (고려 1010년(현종 1), 천안시 전홍리 출토, 높이 187.0㎝, 국보 제280호, 국립중앙박물관)

〈사진 4-1〉 금동경패(대방광불화엄경제50본)— 앞면 (높이 15.4㎝, 국립중앙박물관)

〈사진 4-2〉 금동경패(대방광불화엄경제50본)—뒷면. '大方廣佛華嚴經第五十本'이라는 명문이 있다(국립중앙박물관).

〈사진 5〉 나전대모칠국화넝쿨무늬불자 (고려, 12세기, 길이 42.7㎝, 국립중앙박물관)

〈사진 6〉 문공유묘 출토 청자상감국화넝쿨
무늬완 (12세기, 개풍군 출토, 입지름 16.8㎝,
높이 6.2㎝, 국보 제115호, 국립중앙박물관)

〈사진 7〉 은제금도금 거울걸이 (12~13세기,
높이 55.5㎝, 국립중앙박물관)

〈사진 8〉 은제향합 (개성 부근 출토, 지름 6.8㎝,
국립중앙박물관)

〈사진 9〉 은제잔 (12~13세기, 개성 부근 출토, 높이(오른쪽) 3.5㎝, 국립중앙박물관)

〈사진 10〉 금제귀이개 (경주 출토, 길이 6.1 ㎝, 국립중앙박물관)

〈사진 11〉 '복녕궁방고'명 은제접시 (12세기, 개 성 부근 출토, 입지름 11.5㎝, 높이 2.4㎝, 국립 중앙박물관)

〈사진 12〉 금동관음보살 좌상 (14세기, 높이 38.5㎝, 국립중앙박물관)

이러한 사정은 조선실의 경우에도 크게 다르지 않다. 여기서 구체적으 로 살필 여유는 없지만 예컨대 명품 분청사기나 백자들이 선비화가들의 문인화나 서예 작품, 그리고 다양한 목가구 등이 충분히 어우러질 때 비로소 조선의 지배층이자 문화적 아이콘인 양반사대부의 시대적·문화적 빛깔이 묻어날 수 있을 것이다. 또, 조각·공예관 〈금속공예〉 섹션의 「생활용품」이라는 서브섹션에 전시되고 있는 조선시대 자물쇠·열쇠, 수저, 화로, 담배합, 비녀, 동곳 등의 여러 생활사 관련 명품들도 역사자료가 아닌 "미술자료"로서 우선적으로 전시되어야 하는지, 한 번쯤 진지하게 생각해 볼 필요가 있지 않은가 한다.[38]

이처럼 적지 않은 "미술자료"들이 현재 고려실·조선실 등에 전시되지 못하는 상황은, 각 왕조시대의 종합적 역사상은 차치하고, 실제 소장품

----

[38] 고고역사부 통합(2010년 12월) 이전 고고부 관할하에 있던 전시실들[구석기실~통일신라실·발해실]의 경우 통합 전후를 막론하고 많은 명품들이 전시되고 있어서 같은 한국사 전시라 하더라도 사정은 차이가 있다. 그러나 현재 미술부 관할하의 조각·공예관에 전시 중인 감은사 터 동탑 사리갖춤(보물 제1359호) 같은 유물이 과연 "미술자료"일 뿐인지, 역사자료로서 통일신라실에 전시되어야 할 것인지 생각해 봐야 할 것이다. 이 유물이 발견된 곳은 감은사 터의 동탑인데, 감은사는 잘 알듯이 한국 역사의 일대 사건인 삼국통일을 이룩한 아버지 문무왕의 명복을 빌기 위해 통일 직후 아들 신문왕이 건립한 사찰인 것이다. 이 사리갖춤이 미술적인 가치가 훌륭하다 하더라도 우선 통일신라의 역사와 문화를 보여주는 통일신라실에 전시되는 의미 또한 매우 클 것이다. 역시 조각·공예관에 전시 중인 은제도금 봉황연화당초문향합이나 청동제금은입사호와 같은 유물들도 통일신라시대 진골 귀족들의 문화 취향과 심미안, 당(唐)을 통한 서역 문화와의 관련성 등 문화교섭을 비롯한 이 시대의 다양한 역사성을 함축하고 있음에도 그동안 통일신라실 전시는 고려되지 않은 채 당연히 미술품으로만 전시되어 왔다. 이러한 유물들은 그 역사성에 기반한 스토리텔링의 요소를 많이 가지고 있지만, 관람객들은 통일신라실이 아닌, 금속공예실에 가서야 이들 유물을 만날 수 있다. 20세기 초 미술공예박물관의 문제점을 지적한 한스 오토마이어 독일역박 관장의 말은 그러한 점에서 참고할 만하다. 그에 따르면 "(대체로 20세기 초 이래의) 미술공예박물관이란 개념이 회화, 그래픽아트, 조각 등과 같은 고품격 미술(high arts)을 넘어", "일상용품들까지 미술작품의 지위로 격상"시킴으로써 오늘날의 역사박물관의 개념에까지 "처참한 충격"을 주고 있으며, 이는 "물건의 미학적 가치가 유일한 기준이 된 반면 어떠한 역사적 가치도 이에 종속된다는 것을 의미하며", "수장품들이 제공하는 역사적 통찰들은 의도적으로 제거되었고, 전시표현은 순전히 공예와 미술의 기법, 장식, 양식과 공예미술사의 측면만을 바탕으로 이루어졌다"고 한다(한스 오토마이어, 2006 「베를린 독일역사박물관의 과제와 기회」『도시역사박물관의 현황과 과제』(서울역사박물관 국제학술강좌 제2집), 서울역사박물관, 81~82쪽 참조).

상황을 토대로 각 시대의 역사·문화상을 테마화하여 보여주려는 차선책도 어렵게 만든다. "미술자료", "고고자료", "역사자료"식의 관행적 분류는 논리적으로도 문제가 있는 만큼 하루빨리 바로잡을 필요가 있다.[39] 그렇게 될 때 비로소, 구석기시대로부터 조선말까지 이어진 한국사의 왕조국가별 전시가 그나마 시대성과 문화적 흐름이 묻어나는 통사전시가 될 수 있기 때문이다.

6. 생활·문화사 중심 테마별 통사전시

역사저술과 역사전시의 대상에서 정치나 외교, 전쟁과 같은 이른바 체제 부분과 함께 중요한 것은 그 체제 속에 살아가는 사람들의 생활·문화의 양상일 것이다.[40] 국가사전시들 중에는 이러한 생활·문화사에 중심을 두고 전시섹션을 설정한 사례들이 있는데, 대만 타이난의 국립대만역사박물관(國立臺灣歷史博物館, 이하, 대만역박)도 그중 하나이다.

〈초기 주민들〉
〈다른 문화들의 만남〉
〈대만으로의 중국인 이민〉

---

[39] 미술적 관점의 명품을 "미술자료"로만 본다면, 현재 선사·고대관의 신라실·백제실 등에 전시된 숱한 최고급 장신구류나 금관류·금동관류 등도 조각·공예관의 금속공예실에 전시되어야 할 것이다. 물론 권력자의 것들이 확실한 데다 특히 고고발굴품이어서 미술관이 아닌 선사·고대관에 전시된다는 설명이 가능하지만, 논리적으로 일관성은 없다.

[40] 이 글에서 "생활·문화"란, 농업·수공업·상업·어업과 같은 생업 분야를 비롯해서, 국가에 대한 부세 납부 활동과 같은 다양한 경제행위와 그 결과물, 여가 및 문화의 존재형태와 그를 위한 활동, 이런 것들을 가능하게 하는 사회적 관계, 그리고 이 모두에 내재한 정신세계와 그 표현물로서의 예술을 포괄하는 의미이다.

〈지역사회에서의 다원적인 발전〉
〈큰 변화와 새로운 질서〉
〈세계 제2차대전 이후〉

　대만의 역사도 체제나 왕조국가별로 전시를 구성할 수 있었을 것이다. 예컨대 16세기 중엽에 세워져서 청나라 옹정제 재위기까지 존속한 일종의 부족연맹국가인 대두왕국이라든가, 1662년 정성공(鄭成功)에게 무너질 때까지 38년간 이어진 네덜란드의 식민지배, 청나라에 망하기까지 23년간 정성공 일가가 통치한 이른바 정씨 왕조, 이후 212년에 걸친 청나라 지배 시기, 50년간의 일제 시기, 그리고 51년 동안의 국민당 통치 시기와 이후 1996년부터 오늘에 이르는 이른바 민주국가 시기 등 대만 역사의 주요 대목들은 그대로 혹은 일정한 조정을 통해 대만사를 유효하게 시대 구분하는 섹션명이 될 수 있기 때문이다.

　그럼에도 불구하고 대만역박이 생활·문화사 위주로 섹션을 정한 것은 대만 역사의 특성 및 그러한 특성과 관련한 박물관의 사명(使命)과 전시개념 때문일 것이다. 대만의 주민과 문화, 생활양식은 주지하듯이 다양한 출자(出自)와 성격으로 이루어져 있고, 그것은 기본적으로 16세기 이후 청나라 지배기까지 이루어진 많은 이민의 역사에서 비롯한다. 대만사의 이러한 특성은 대만역박으로 하여금 다음과 같은 '사명'을 설정하게 했다.

　　· 대만인 공동의 역사 기억을 구축하고
　　· 전체 대만인에게 속하는 역사박물관을 이룩하며,
　　· 대만 역사의 다양한 모습을 전시하고,
　　· 넓은 동류집단들(族群)과 문화 시야를 개척 발전시키며,
　　· 대만 주민의 상호 이해와 상호 존중을 증진시키는 것.

· 국민 공동체의식을 세우는 것.[41)

"공동의 역사기억", "전체 대만인", "대만 역사의 다양한 모습", "넓은 동류집단들", "주민의 상호 이해와 상호 존중" 등의 구절에서 드러나듯이, 다양한 출자의 주민과 생활, 문화요소들로 이루어진 대만 역사의 특수성이 이러한 박물관의 '사명'을 낳은 것이라 하겠다. 구·신석기시대와 철기시대의 생활상을 보여주는 〈초기 주민들〉에 이어지는 〈다른 문화들의 만남〉, 〈대만으로의 중국인 이민〉, 〈지역사회에서의 다원적인 발전〉 등의 섹션들은 이러한 대만 역사의 특성에서 비롯된 박물관의 "사명"을 구현하기 위해 설정된 것임이 분명하다.[42)

자국사를 생활·문화사에 중심을 두고 테마화한 것은 일본 사쿠라의 국립역사민속박물관(國立歷史民俗博物館, 이하, 일본역박)도 마찬가지이다. 일본역박은 자국사에서 현재의 관점에서 중요하다고 판단되는 역사상들을 생활·문화사 중심으로 테마화하여 다음과 같이 섹션명으로 삼았다.

[원시, 고대]
〈일본문화의 여명 : 수만 년 전~2,400년 전〉
〈벼[稻]와 왜인 : B.C. 5C~A.D. 3C〉
〈전방후원분의 시대 : 3~7세기〉
〈오키섬 : 4~10세기〉

---

41) 이상은 국립대만역사박물관 홈페이지 "사명(使命)" 중에서, 문화자산 보존·수호, 과거에 뿌리내려 미래를 전망하고, 역사문화교육을 널리 보급한다는 등 박물관이라면 두루 적용될 일반적 내용들을 제외한, 대만 특유의 사명으로 내세워진 항목들이다.

42) 상대적으로 추상적인 〈큰 변화와 새로운 질서〉나 〈세계 제2차 대전 이후〉도 자국사의 기초를 알고 동선을 따라 온 대만인이라면 일본 식민통치 및 해방에 따르는 새로운 사회상이나 생활·의식의 변동이 전시될 것임을 짐작할 수 있을 것이다.

〈율령국가 : 7~10세기 초〉

[중세]
〈왕조문화 : 10~12세기〉
〈동국과 서국 : 12~15세기〉
〈다이묘와 폭동 : 15~16세기〉
〈민중의 생활과 문화 : 14~16세기〉
〈대항해시대 속의 일본 : 15~17세기 중반 무렵〉
〈인쇄문화 : 8~17세기〉

[근세]
〈국제사회 속의 근세 일본〉〈도시의 시대〉
〈사람과 물건의 흐름〉〈村에서 보이는「근대」〉〈그림과 지도로 보는 근세〉

[민속]
〈도시의 풍경〉〈시골 사람들〉〈산(山)의 인생〉〈바닷가 사람들〉
〈남해(南海)의 세계〉〈재생(再生)의 세계〉

[근대]
〈문명개화〉〈산업과 개척〉〈도시 대중의 시대〉

[현대]
〈전쟁과 평화〉〈전후의 생활 혁명〉

일본역박이 일본사를 통사전시하면서 헤이안시대라든가, 센코쿠시대(戰國時代), 여러 바쿠후시대 등 잘 알려지고 편리한 정치체제나 정치적 상황을 기준으로 섹션을 정하지 않고 이렇게 생활·문화 양상을 중심으로 전시를 구성한 것은43) 박물관 스스로 천명한 "사명(使命)"과 이를 위한 전시

---

43)『율령국가(7~10세기초)』와『동국과 서국(12~15세기)』같은 섹션명은 외형상 체제

개념에 따른 것이다.

"사명(使命)"
· 인류의 역사적 영위(營爲)가 복잡하게 뒤얽힌 (결과로서의) 현대사회에
  서, 미래를 개척하는 역사적 전망의 획득과 역사인식을 달리하는 사람들
  의 상호이해의 실현에 기여[44]
· 다양한 역사상과 유연한 역사인식을 사회 일반에 제공[45]

전시개념
· 문화의 흐름 속에서 현대의 관점에서 중요한 테마를 선정하고 그것들을
  생활사에 중점을 두어 전시를 구성[46]

즉 일본역박은 서로 다른 역사인식의 상호 소통과 이해를 위해 "다양
한 역사상과 유연한 역사인식을 사회 일반에 제공"함을 "사명"으로 삼았
기에,[47] 자칫 역사인식의 다양성과 유연성을 저해하는 특정한 이념·정

를 기준으로 한 것이지만, 그 전시 내용의 중점은 율령국가나 가마쿠라바쿠후(동
국), 교토(서국)와 같은 국가통치체제나 지배구조가 아니라 그 시기의 생활과 문
화 및 경제 양상에 두어지고 있다(일본역박 홈페이지 참조). 그럼에도 굳이 『율령
국가』나 『동국과 서국』 등으로 섹션명을 정한 것은 이들 체제하의 문화·생활·
경제의 특징적 양상을 보여주기 위한 편의상의 섹션명이라고 할 것이다. 한편 일
본역박의 전시에서 맨 먼저 보이는 [원시, 고대], [중세], [근세], [민속], [근대], [현대]
등은 많은 나라에서 사용되는 삼시대 구분법(고대－중세－근대)에다 [근세], [민속],
[현대]를 덧붙인 것으로, 이 글에서 이야기하는 전시섹션과는 거리가 멀다. 유의미
한 섹션명은 이들 아래에 제시된 테마들이라 하겠다.

44) 國立歷史民俗博物館, 2007 『歷博のめざすもの REKIHAKU The Future of History』,
   서두
45) 國立歷史民俗博物館, 위의 책, 15~16쪽
46) 일본역박 홈페이지 '종합전시 안내' 참조.
47) 일본역박이 "다양한 역사상과 유연한 역사인식을 사회 일반에 제공"함을 사명으로
   설정하게 된 분명한 연유는 알기 어렵다. 다만 전전(戰前)~전후(前後) 일본의 국립
   역사박물관 건립 과정은 참고할 만하다. 일본에서는 전후(戰後) "명치(明治) 100년"

파적 입장이 투영되기 쉬운 정치사 위주의 전시를 되도록 배제한 것이고, 이에 따라 전시는 자연스럽게 "문화의 흐름 속에서" "생활사에 중점"을 두게 된 것이라 하겠다. 각 섹션 간 연대 범위의 일부 중첩을 전혀 개의치 않은 점에서도[48] 역사를 기계적으로 연대 범위에 따라 구분하기보다 생활·문화의 실제 전개 양상을 드러내려는 의도가 그만큼 강함을 읽을 수 있다.

대만역박이나 일본역박처럼 자국사의 중요 역사상들을 명확한 전시개념과 "사명"에 따라 테마화하여 섹션명으로 삼는 방식은 관람객에게 관람상의 도움을 줄 뿐만 아니라 자국사에 대한 높은 교육효과도 기할 수 있다. 명확한 전시개념이나 사명의식에 따르는 섹션명들은 관람객이 살펴볼 전시내용에 대한 일종의 사전 오리엔테이션이 될 것이며, 나아가 실제 관람 과정에서 왜 이런 유물들이 이런 테마(섹션명)하에 전시되는지, 다른 해석에 따른 전시의 여지는 없는지 등에 대해 관람객 스스로 성찰

의 국가적 현창 사업을 계기로 국립역사박물관의 건립 운동이 추진되었는데, 이를 주도한 학자 사카모토 타로(坂本太郎)는 전전(戰前)에 "기원 2,600년 기념" 사업의 일환으로 문부성이 추진하다 무산된 국사관(國史館) 건립의 주도 인물 구로이타 가즈미(黑板勝美)의 학문적 후계자로 평가되는 인물이다(국사관은 당초 천황 관련 물건(초상화, 문서 등)의 전시를 통해 황국사관을 교육하려는 목적으로 건립이 추진되었으나, 구로이타 가즈미의 사망과 전쟁 등으로 중단되었다). 그 점에서 일본역박은 그 뿌리가 국사관에 닿아 있는 면이 없지 않다. 그러나 이후의 실제 건립 과정은 국사관 추진 세력의 영향력이나 이념적 경향으로부터 자유롭게 진행되었다(金子 淳, 2003 「歷史展示の政治性 −'歷博'の前身·國史館計劃の事例をもとに」 『歷史展示とは何か』(國立歷史民俗博物館 編), 57~74쪽 참조). 아마도 일본역박으로서는 과거의 특정사관이나 이념적 경향(국체주의(國體主義), 황국주의 등)을 자체적으로 비판·극복하면서, 정치사를 전시에 포함할 경우 제기될 수 있는 우려에 대비했을 가능성이 있다. 사실 "현대사회"를 "인류의 역사적 영위(營爲)가 복잡하게 뒤얽힌" 결과라는 일본역박의 시각(위 본문 "사명" 참조)은, 국체주의나 황국주의 같은 이념이나 사관과는 거의 상극이라 해도 과언이 아닐 것이다.

[48] 〈전방후원분의 시대(3~7세기)〉와 〈오키섬(4~10세기)〉, 〈율령국가(7~10세기)〉, 그리고 〈다이묘와 폭동(15~16세기)〉과 〈민중의 생활과 문화(14~16세기)〉, 〈대항해 시대 속의 일본(15~17세기)〉, 〈인쇄문화(8~17세기)〉 등의 섹션들이 그러하다.

할 기회를 제공할 수도 있는 것이다.

물론 자국사의 중요 역사상을 테마화하여 섹션으로 설정하더라도, 그것은 어디까지나 실물자료의 활용 여건이 뒷받침되어야 한다. 일본역박처럼 실물자료의 부족을 복제품·모형·영상물·디오라마와 같은 보조전시자료를 적극 활용하여 보완하는 것도 하나의 방법일 수 있으나, 중앙박을 포함한 많은 박물관에서는 아직 보조전시자료의 활용에 대해 긍정은 하되, 한계 또한 분명하다는 입장이다.[49]

따라서 중앙박에서 이러한 테마별 전시를 하려면, 일본역박처럼 자국문화의 흐름 속에서 중요하다고 판단되는 테마를 먼저 선정하기보다, 실물자료(유물)의 소장 상황에 부합하면서 우리 역사·문화상으로도 중요한 테마들을 선정하는 것을 원칙으로 해야 할 것이다.[50] 물론 소장유물에 부

---

[49] 보조전시자료의 활용 비중에 대해서는 다양한 시각이 있으며, 비실물자료의 비중을 매우 높여 역사전시로서의 흥미와 메시지 전달에 성공한 사례들도 적지 않다. 중국 상하이의 상하이성시역사발전진열관(上海城市歷史發展陳列館)의 경우는 비실물자료를 극단적으로 많이 사용하면서 관객의 큰 흥미를 끌고 있다. 필자가 2007년 출장 시 실견한 바로는, 실물자료는 아주 희소한 데 반해, 밀랍인형과 모형(물건, 건물, 기타 사물들), 디오라마, 영상, 그림 등을 매우 적극적으로 활용하면서, 개항 전후 상하이의 도시적 발전과 변화상을 매우 실감나게 전달하고 있었다. 일본 도쿄의 에도도쿄박물관 역시 실물대 또는 축소 모형, 디오라마 등을 많이 활용하여 에도 및 도쿄 시대 이 도시의 모습과 풍속 등을 매우 효과적으로 보여주고 있다. 가부키 극장, 초야신문사(朝野新聞社), 일반 가정생활 및 가옥 내부, 수공업자의 작업실, 서점(이상, 실물대모형), 유명 다이묘의 저택과 에도성의 일부, 미쓰이에치고야(三井越後屋) 포목상회, 사카리바(유원지)(이상 축소모형), 니콜라이 성당과 일반 주택 및 그 주변(이상, 디오라마)은 관객의 시선을 집중시키기에 충분하다. 비실물자료의 활용과 그 비중의 문제는 계속 변화해 가는 박물관의 개념과도 맞물려 있는 사안인 만큼 그에 대한 평가가 불변하는 것일 수 없다. 이 글에서는 중앙박을 비롯한 각국 국가박물관이 일반적으로 취하고 있는 실물자료 중심의 입장에서 논지를 전개함을 밝혀 둔다.

[50] 국민 일반의 이해를 구하는 일도 필요하다. 한국인들은 오랜 동안 왕조국가별 한국사 서술에 익숙해 있기 때문이다. 현재의 중앙박 한국사전시도 이러한 일반의 인식에 바탕을 둔 것임은 말할 것도 없다. 따라서 중앙박이 왕조국가별 전시로부터 생활·문화사 중심의 테마별 전시로 전환하려 한다면, 권위 있는 학계 전문가

합하도록 설정된 생활·문화사 중심의 테마들도 앞서 언급한 전통적인 유물 연고 관행을 개선하지 못하면 실현되기 어렵다. 이에 대해서는 앞서 왕조국가별 구성에서 언급한 바 있다.

7. 맺음말

지금까지 전시섹션의 설정 기준을 중심으로 국가사전시의 대표적인 구성 유형들과 그 각각의 특징을 살피고, 한국사전시에의 적용 문제와 중앙박 한국사전시의 개선 방향을 생각해 보았다.

국가사전시의 구성 형태는 대체로 그 나라 역사의 특징이나 현재적 과제 등과 밀접한 관련이 있는 박물관 사명 또는 전시개념에 따라 정해지고 있었다. 그중 왕조국가별 구성은 한국 역사의 특성과 전시 목적상 상당히 자연스런 것이라고 할 수 있다. 또 생활·문화사 중심 테마별 구성 역시, 적절한 테마를 설정할 경우 민족 정체성 확인 및 자긍심 함양이라는 한국사전시의 목적에 부합할 가능성이 있다.

문제는 중앙박 한국사전시의 경우, 현재의 왕조국가별 통사전시 구성을 유지하든, 생활·문화사 중심 테마별로 재구성하든, 각각에 상응하는 최소한의 핵심 역사상과 관련되는 실물자료(유물)들이 충분히 뒷받침되지 않는다는 데에 있다. 이런 점은 특히 현재의 중앙박 소장 유물조차 "미술자료" "고고자료" "역사자료"식의 분류 관행 속에서 한국사전시에 제대로 활용되지 못하는 데에서 크게 기인한다.

집단으로 테마선정을 위한 위원회를 구성하여 중앙박 소장 상황을 토대로 적절한 테마를 정한 다음, 국민 일반을 상대로 새로운 한국사전시의 취지와 장점을 충분히 설명하여 사회적 논란을 최소화해야 할 것이다.

앞으로 중앙박 한국사전시가 민족정체성의 확인과 자긍심 함양에 기여하고, 관람객들이 유물을 매개로 우리 역사·문화와 소통하도록 돕기 위해서는, 현재와 같은 유물 연고 관행이나, 분류 관념을 극복해야 할 것이다. 그렇게 될 때 비로소 왕조국가별이든 생활·문화사 중심 테마별이든 그 최소한의 취지를 구현할 수 있기 때문이다. 이런 노력들이 고품격 미술(high art)의 전시라는 미술관(서화관, 조각·공예관) 고유의 정체성을 훼손하지 않고도 충분히 가능한 일임은 말할 것도 없다.

※ 사진 출전

금동관음보살 좌상 (『국립중앙박물관』, 2005, 225쪽)

나전대모칠국화넝쿨무늬불자 (『국립중앙박물관』, 2005, 234쪽)

문공유묘 출토 청자상감국화넝쿨무늬완 (『국립중앙박물관』, 2007, 240쪽)

은제금도금 거울걸이 (『국립중앙박물관』, 2007, 232쪽)

통화28년명천흥사동종 (『국립중앙박물관』, 2005, 240쪽)

하남 하사창동 철불좌상 (『국립중앙박물관』, 2005, 224쪽)

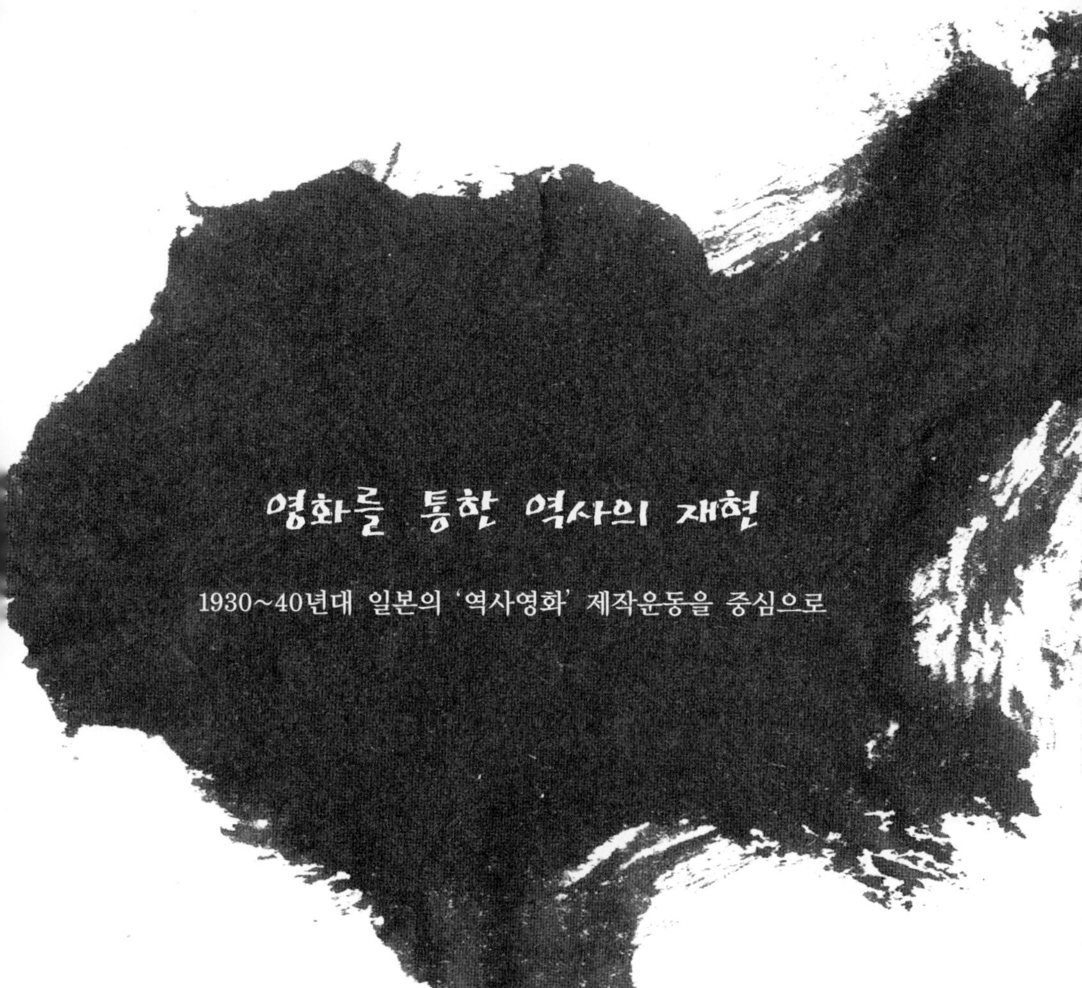

영화를 통한 역사의 재현

1930~40년대 일본의 '역사영화' 제작운동을 중심으로

강태웅

광운대 일본학과

1. 전시하의 영화제작[1]

영화용 필름은 군수품이므로, 민간용으로는 1피트라도 줄 수 없다.[2]

이는 일종의 전쟁분위기로부터의 탈출이었다. 피상적인 레지스탕스이기도 하였고, 예술이라는 별천지로의 철저한 도피이기도 하였다.[3]

첫 번째 인용은 1940년 프로퍼갠더와 사상통제 강화를 위해 설립된 정보국(情報局)의 '비공식' 성명에서 나온, 전시기 일본에서의 영화에 대한 국가통제와 물자부족상황을 상징하는 말이다. 두 번째 인용은 본고가 중점적으로 다룰 미조구치 겐지(溝口健二) 감독의 영화 〈겐로쿠 츄신구라(元祿忠臣藏)〉에서 주인공 오오이시 구라노스케(大石內藏助) 역을 맡은 가와라

---

[1] 본고는 「역사의 재현과 '역사영화' 제작운동」이란 제목으로 『翰林日本學』 제17집 (2010년 12월호)에 게재된 글을 수정한 것임을 밝혀둔다.

[2] 田中純一郎, 1957 『日本映畫發達史 2』, 中央公論社, 241쪽

[3] 依田義賢, 1970 『溝口健二の人と藝術』, 田畑書店, 117~118쪽

사키 쵸쥬로(河原崎長十郎)가 전후에 영화 촬영장 분위기를 회상한 말이다.
두 인용문을 연결 지어 생각해보면, 당시의 극심한 영화통제 속에서 '전
의격양(戰意激揚)'과는 거리가 있어 보이는 전통시대 일본을 배경으로 한
〈겐로쿠 츄신구라〉의 촬영은 영화감독과 배우들에게 '도피처'였다는 것
이다. 이러한 인식에서 이 영화의 제작을 "파시즘의 프로퍼갠더 영화로
부터 도망가기위한 전술"로 보는 연구자도 있다.4)

그러나 1941년 전편(前篇, 111분)이, 다음해에는 후편(後篇, 106분)이 개봉
된, 3시간 반이 넘는 〈겐로쿠 츄신구라〉의 제작상황을 들여다보면, 두 인
용문으로부터는 새로운 연관성을 찾아내야할 필요가 느껴진다. 아코성(赤
穗城) 촬영을 위해서는 실제 성벽에 쓰이는 바위를 사용하여 세트가 만들
어졌고, 에도성(江戸城) 장면을 위하여 총건평 1,400평 부지에 연 5,250여
명이 소요되어, 다타미 600첩이 깔린 성내의 복도(松の廊下)가 재현되었다.
이 두 세트를 포함하여 이 영화를 위해 모두 74개의 세트가 만들어졌
다.5) 민간용으로는 필름을 줄 수 없다는 시기에 이러한 대규모의 제작형
태가 행해졌고, 게다가 이 영화가 '정보국 위촉 국민영화 수상작품'에 선
정되어 상금까지 받은 사실을 기억할 때, 이 영화의 제작이 단순히 영화
인들의 '탈출'과 '도피'를 위해 제작되지 않았음을 알게 한다.

이 시기에 왜 이러한 전통시대를 배경으로 하는 대규모의 영화가 만들
어졌고, 그것이 무엇을 의미하는지 고찰하기 위해서는, 〈겐로쿠 츄신구
라〉에서의 여성적인 것에 대한 접근과 같은,6) 이 영화가 보이는 몇 가지
특성을 돌출시키기보다는, 이 영화제작이 자리하고 있던 '역사영화(歷史映

---

4) ピーター B. ハーイ, 1995 『帝國の銀幕』, 名古屋大學出版會, 274쪽
5) 東郷忠, 1941 「國民映畫『元祿忠臣藏』のセット槪略」『映畫』 12월호, 86~87쪽
6) 四方田犬彦, 1999 「『元祿忠臣藏』における女性的なもの」『映畫監督 溝口健二』, 新
曜社

畵' 제작운동이라는 큰 흐름에서 접근할 필요가 있다. 즉 영화를 통한 역사의 재현이 1930~40년대라는 전시기 일본에서 어떠한 의미를 가졌는지, 그리고 어떤 형태로 그 재현이 이루어졌는지를 살펴보아야한다. 일본영화에는 우리나라의 사극에 해당하는 시대극(時代劇, 지다이게키)이라는 용어가 있다. 이는 가부키(歌舞伎)의 '시대물(時代物, 지다이모노)'에서 파생된 말로 현재가 아닌 이전시대를 배경으로 한 영화를 가리킨다. 그런데 1930년대 후반에 들어서면 이러한 시대극과는 차별된, '역사영화'를 제작해야한다는 주장이 일부 평론가와 감독들에 의해 제기된다. '역사영화' 제작운동은 기존의 시대극 제작에 있어서 시대고증에 대한 인식이 없었음을 비판하고, 등장인물의 복식, 말투, 걸음걸이, 그리고 세트에 이르기까지를 철저하게 역사적 사실에 따라 재현할 것을 주창하였다. 본고는 대표적인 '역사영화'로 이야기되는 〈겐로쿠 츄신구라〉를 중심으로, '역사영화' 제작운동이 어떻게 스크린에 표출되었고, 그것이 갖는 시대적 의미와 한계를 논해보도록 하겠다.

2. 시대극의 탄생

1895년 프랑스의 뤼미에르 형제가 영화를 발명하였고 이는 1897년 일본에 들어왔다. 이때의 영화라 함은 노동자의 퇴근이나 열차의 도착 등과 같이 '움직이는 사진(活動寫眞)'이라는 신기함을 전달하는 장치에 불과하여, 역사의 재현과 같은 논의는 있을 수 없었다. 하지만 영화탄생 초기부터 역사 사료로써의 가치는 이야기된 것으로 보인다. 현재 찾아볼 수 있는 일본에서 가장 오래된 영화잡지 『활동사진계(活動寫眞界)』의 1909년의 기사를 살펴보자.

　　매콜리(Thomas Macaulay)의 펜도, 사마천(司馬遷), 반고(班固)의 붓도 사실(事
實) 앞에서는 복종하지 않을 수 없고, 만약 사실에 대하여 항쟁하려한다면 그
결과는 진(眞)을 잃고 위(僞)를 전달하여, 역사가로서의 본령을 완전히 몰각하
는 일이다. (중략) 활동사진은 역사상의 사실에 최대의 광명을 주어, 역사가에
게 유일무이한 재료를 제공한다.[7]

　이 기사는 문자로 기록되는 역사기술의 사후성(事後性)에 반하여, 동시
간의 '사실 그대로'를 보여주는 영화가 미칠 영향을 서술하고 있다는 점
에서 흥미롭다. 하지만 여기서 이야기되고 있는 것은 역사사료로서의 기
록영화의 가치이지, 역사의 재현문제가 아니다. 1904년 러일전쟁이 발발
하자 기록영화 붐이 불어 영화회사가 난립하게 되지만, 위 글이 쓰인
1909년 단계에서는 아직 극영화가 주류를 이루지 못하였다. 1912년에 기
존의 4개 회사가 통합되어 도쿄와 교토에 촬영소를 소유한 최초의 메이
저 회사인 일본활동사진주식회사(日本活動寫眞株式會社), 즉 현재까지 제작
을 계속하고 있는 닛카츠(日活)가 설립되면서부터 극영화의 시대가 도래
하였다. 이때부터 일본영화는 시대극과 현대극으로 나뉘어졌고, 제작 장
소 또한 시대극은 교토의 촬영소에서, 현대극은 도쿄의 촬영소로 나뉘어
져 행해졌다.
　일본에서 시대극영화, 줄여서 시대극이라고만 해도 전통시대를 배경
으로 한 영화를 가리킨다. 이러한 호칭은 앞서 말하였듯이 가부키 작품이
'시대물'과 '세화물(世話物, 세와모노)'로 나뉘어 불리던 전통에서 영향 받았
다. 가부키에서 시대물이라 하면 에도(江戶)시대 이전시기를 다루어 7세

---

[7] 「歷史と活動寫眞」『活動寫眞界』제3호(1909년 11월), 2쪽. 『활동사진계』는 1909년
　6월부터 1911년 11월까지 26호까지 발간된 것으로 확인된다. 비슷한 시기에 『활
　동사진(活動寫眞)』, 『활동사진 타임즈(活動寫眞タイムズ)』가 있었으나 현재 남아
　있지 않다.

기부터 15세기 정도까지를 배경으로 하고, 세화물이라 하면 에도시대 당시를 그린 작품을 말한다. 시대극영화는 에도시대까지를 포함하게 되었고, 막말유신 시기까지를 그린 영화들을 가리킨다.[8] 시대극이 다른 말로 '찬바라 영화'(칼날이 부딪치는 소리를 표현한 '찬찬바라바라'에서 따온 말)라고 불리는 점에서 알 수 있듯이, 단순하게는 '마게(髷, 일본식 상투)'를 한 이들이 칼싸움을 하는 영화를 가리키기도 한다. 이러한 특성으로 인하여 칼싸움 장면은 시대극영화에서 가장 중심이 되었고 초기 극영화부터 촬영되었기에, 이를 가리키는 '다치마와리(立ち回り, 다른 말로는 다테, 殺陣)'라는 전문용어가 한국에도 알려져 있고,[9] 〈스타워즈(Star Wars)〉 시리즈의 주인공이 소속된, 칼을 사용하는 집단을 지다이(時代의 일본발음)를 본떠 '제다이(Jedi)'로 이름 붙였을 정도로 세계영화사적인 의미도 크다.

3. '역사영화' 제창과 시대고증

1930년 후반까지의 시대극은 칼싸움 요소가 강하였고, 칼싸움 장면을 보여주기 위해 시대극영화가 만들어지는 '역전현상'이 현저했다.[10] 이러한 영화에서 역사를 재현한다는 인식은 찾아보기 힘들었다. 시대극을 주인공들이 전통시대를 의미하는 '마게'만 했을 뿐 현대인과 다를 바 없다고 하여, '마게를 붙인 현대극'이라 불리기도 하였다. 이러한 시대극 연출에

---

8) 岩本憲兒, 2005 「時代劇傳說」 『日本映畵史叢書4 時代劇傳說─チャンバラ映畵の輝き』, 森話社, 10~11쪽

9) 2008년에는 〈다찌마와 리〉라는 제목의 한국영화가 류승완 감독에 의해 제작되기도 하였다.

10) 田中眞澄, 1997 「時代劇映畵史論のための予備的諸考察」 『時代劇映畵とはなにか』, 人文書院, 35쪽

정면으로 비판하고 나선 것이 본고가 주목하는 '역사영화' 제작운동이다. 이 운동은 츠무라 히데오(津村秀夫)의 '역사영화' 제창을 계기로 영화제작자들이 그 주장에 찬동하는 식으로 전개되었다.

'역사영화'를 주창한 츠무라 히데오는 정보국 선정 '국민영화' 심사위원을 역임하기도 한, 당국과 밀접한 관계를 유지하며『영화정책론(映畵政策論)』(1943),『영화전(映畵戰)』(1944) 등의 저서를 저술한 평론가이다. 그러한 경력으로 인하여 그를 "일본영화로부터 무참히 예술과 사상을 빼앗은 국가통제의 선봉에 섰다"고 평하는 이도 있다.11) 하지만 그렇게 단순히 그의 언행을 영화통제에 앞장섰다고만 치부하기는 어렵다. 왜냐하면 거기에는 '새로운' 일본영화제작이라는 구상이 깔려있기 때문이다. 츠무라 히데오는 기존의 시대극영화가 현대극영화에서 해야 할 이야기와 테마를 그대로 쓰고 있고, 시대고증을 받지 않은 세트와 의상, 등장인물들도 아무렇지 않게 현대어를 말하는 점 등 한마디로 "현대인이 출몰하는 시대극"이라고 비판하였다. 따라서 세트, 대사, 의상, 소재 등에서 "조금도 그 시대의 냄새가 나지 않는" 종래의 시대극은 '박멸'해야 하고, 사실(史實)을 존중하며, 철저한 시대고증을 통한 "현대극도 시대극도 아닌 제3의 영화―즉 역사영화가 탄생해야한다"고 주창하였다.12)

츠무라의 주장은 이제까지 시대극영화에 없었던 '역사의 재현'이라는 인식을 끌어들이자는 것으로, 당시 대표적인 영화평론가였던 그의 발언의 영향은 컸다. 이후 당시의 영화관련 잡지에는 이전과 달리 시대고증에 대한 글들과, 시대극의 의상과 무대, 소도구를 담당하는 이들의 글들이 확연히 증가한다. 평론가들과 영화감독들도 시대극영화에 대해 논할 때에 츠무라가 제창한 '역사영화'라는 개념을 하나의 평가기준으로 사용하

11) 富士田元彦, 1965『現代映畵の起点』, 紀伊國屋書店, 183쪽
12) 津村秀夫, 1939『映畵と批評』, 小山書店, 115~119쪽

였고, 시대고증에 철저한 일련의 영화들이 제작되었다. 물론 츠무라 한 명의 주장으로 이러한 '역사영화' 제작운동이 활발해졌다고만은 볼 수 없 다. 나중에 서술하듯이 역사의 재현을 둘러싼 일본 전체의 움직임과 그 에 따른 당시의 시국적 요구에 의한 시대극영화의 변화의 양상과 방향성 을 츠무라 히데오가 압축해 표현해내었다고 봐야할 것이다.

4. '역사영화' 제작과 그 특징

당시 '역사영화'로 불린 일련의 영화들을 거론해보면, 우치다 도무(內田 吐夢) 감독이 에도막부말기를 배경으로 하여, 3부작 합계 4시간에 달하는 영화 〈역사(歷史)〉(1940년)를 만들었고, 이나가키 히로시(稻垣浩) 감독이 역시 막부말기를 배경으로 한 〈에도 최후의 날(江戸最後の日)〉(1941년)을 만들었 다. 1941년 제작된 기누가사 데이노스케(衣笠貞之助) 감독의 〈가와나카시 마 합전(川中島合戰)〉은 전국대명(戰國大名)인 다케다 신켄(武田信玄)과 우에 스기 겐신(上杉謙信)의 가와나카시마에서의 전투를 그린 영화이다. 평상 시의 풍속을 다룬 일반적 시대극과는 달리 다량의 무구(武具)가 필요한 영화였으나, 영화제작사가 기존에 갖고 있던 의상과 소도구들이 시대고 증이 전혀 이루어지지 않았다하여, "구태를 타파하고 쇄신적 시대극영화 를 만들기 위하여", 감독은 시대고증을 맡은 일본화가 도리이 기요코토 (鳥居清言)와 함께 우에스기가(上杉家)에 직접 찾아가 고문서를 찾아보고 의 상과 소도구를 새로이 제작하였다.13)

이러한 '역사영화' 운동의 절정은 미조구치 겐지가 감독한 〈겐로쿠 츄

---

13) 鳥居清言, 1941 「川中島による美術時代考證」 『映畫』 11월호, 64~65쪽

신구라〉의 제작이었다. 영화의 개봉 시기도 실제 츄신구라 사건에 맞추어졌다. 이 영화의 전편은 아코번(赤穗藩) 사무라이들이 주군의 원수인 기라(吉良)의 저택에 쳐들어간 12월에, 그리고 후편은 그들이 자수하여 막부의 명을 받고 할복을 한 2월에 맞추어 개봉되었다. 츄신구라는 가부키의 '독삼탕(獨參湯, 기사회생의 묘약)'이라 불려, 흥행이 부진할 때 이것만 내세우면 손님이 들 정도로 인기 있는 내용이었고, 일본영화 시작부터 영화의 소재로 가장 많이 사용되어졌다. 간단히 내용을 살펴보면, 아코번의 번주 아사노 다쿠미노카미가 에도성에서 자신에게 부당한 처사를 일삼는 막부관리 기라에게 칼을 들었다가 할복 처분을 받는다. 이어 번의 영지는 막부에 몰수되고 번의 사무라이들은 뿔뿔이 흩어진다. 이들 중 47인이 모여 기라의 집을 쳐들어가 그의 목을 베어 복수하고 자수하였던, 실제 사건을 바탕으로 한다. 주군에 대한 끝없는 충성, 그러면서도 막부가 내린 결정에 대한 반발이라는 대립적인 요소가 인기를 끌었다. 이러한 인기 있는 이야기를 '역사영화'로 만들었기에 많은 관심이 모아졌다.

〈겐로쿠 츄신구라〉에는 '원촌주의(原寸主義)'에 입각하여 앞서 언급했듯이 대규모의 영화세트가 만들어졌다. 영화의 각본은 마야마 세이카(眞山靑果)가 고증을 통하여 쓴 동명의 희곡(1934년 初演)에 기초하여 각색되었고, 촬영소 앞에는 겐로쿠시대(1688~1703)의 자료를 연구하는 연구소가 세워졌고, 시대고증에는 각계의 대표적인 인물들이 참여하였다. 가이노쇼 다다오토(甲斐庄楠音)라는 일본화 화가가 풍속고증 담당으로 참가하였다. 그리고 무가건축(武家建築)에는 국회의사당 설계에 참여한 대표적인 건축가이자 에도시대 건축사 연구가이기도 한 오오쿠마 요시쿠니(大熊喜邦), 민가건축(民家建築)에는 민가연구자 후지타 모토하루(藤田元春), 언어풍속에는 교토대학 국문과교수 에바라 다이조(穎原退藏), 시대일반고증에는 풍속연구소장 에마 츠토무(江馬務), 조원(造園)에는 일본정원 제작가인 오가와 지혜

〈그림 1〉 '원촌주의'에 입각하여 재현된 〈겐로구 츄신구라〉의 에도성 장면

이(小川治兵衛) 등 쟁쟁한 인물들이 참여하였다. 이들이 구체적으로 어떠한 역할을 했는지는 확실치 않지만, 당시 출연했던 배우의 회상에 의하면 그중 에마 츠토무의 경우 촬영소가 있는 교토로 주거를 옮겨, 출연진 전원에게 에도시대의 복식을 입는 법부터 걸음걸이까지를 가르쳤다고 한다. 출연진 대부분은 가부키 배우단체이자 공동생활을 하는 것으로 유명한 전진좌(前進座) 단원이 맡았다. 전진좌는 기존의 시대극 배우의 '매너리즘'을 배척하기 위해서는 이들 이외에는 적임자가 없다는 당시 평가에 의해 출연이 결정되었다.14) 이러한 참여자들의 면면과 제작 규모를 보았을 때, 이 영화의 제작은 '국가사업'이라 할 수 있었고, 역사의 재현에 대한 시대적인 가치부여가 남달랐음을 알 수 있다.

---

14) 河原崎長十郎, 1977 「いろいろの工夫」『江馬務 著作集』 제8권 월보

5. 왜곡된 역사의 재현

당시 수준으로 더할 나위없는 완성도로 만들어진 〈겐로쿠 츄신구라〉의
흥행성적은 좋지 않았다. 그 외의 '역사영화'라 불린 일련의 작품들 또한
그러하였다. 이는 영화 자체가 관객을 위한 것이라기보다는 고증을 통한
역사재현의 정도에 초점을 맞추었기 때문이다. 예를 들면 주인공 오오이
시(大石)가 은거하던 야마시나(山科)의 집의 출입구가 사료에 북향으로 나
와있기 때문에, 세트도 그에 따라 북향으로 지어졌다. 게다가 자연광을
우선시하여 촬영이 행해져, 그림자가 늘어져 화면에는 등장인물의 행동
이 잘 보이지 않게 되었다.15) 또한 각색을 담당한 요다 요시타카(依田義賢,
제다이의 스승 Yoda는 그의 이름에서 따온 것이라 함)는 난해한 마야마 세이카의 희
곡의 대사를 그대로 사용하였고, 전진좌 소속의 배우들의 말투까지 독특
하여, 극장에서 대사를 알아듣지 못하는 관객이 속출하였고, 감독인 미조
구치조차도 잘 들리지 않아 제작 도중에 리시버를 끼고 대사를 확인해야
할 정도였다고 한다.16) 이처럼 이 영화의 제작에 있어서 관객에게 영화
를 잘 이해시키려는 노력보다는, 역사의 재현이라는 측면이 더욱 중시되
었던 것이다.

당시에 이러한 '역사영화' 제작운동에 대하여 찬성의 목소리만 있지는
않았다. 평론가 하즈미는, 시대극을 만드는 이들이 '역사영화병(病)'에 걸
렸고, '리얼리즘의 망령'에 사로잡혔다고 비판하였다.17) 그리고 너무 사
실(史實)만을 추구하다보면 극영화가 아니라 '문화영화'와 같이 될 수 있다
고 경계하는 이도 있었다.18) 이러한 논의들에서 영화를 통한 역사의 재

---

15) 杉山公平, 1942 「『元祿忠臣藏』の撮影のついて」『映畵技術』 1월호, 68쪽

16) 古川良範, 1942 「『忠臣藏』 雜感」 『日本映畵』 1월호, 118쪽

17) 筈見恒夫, 1939 座談會 「時代劇映畵は何処へ行く?」『新映畵』 9월호, 22쪽

현을 단지 고증을 통한 세트 제작, 복식, 연기, 대사 등만을 가리키고 있는 듯하다. 하지만 보다 근본적인 점은 당시 시대모습을 재현하는 게 아니라 일어났던 사실을 제대로 재현하는 것이 아닐까. 평론가 이이지마 다다시(飯島正)의 표현을 빌면, '외견적 사실의 복제의 연속'은 아무 의미가 없고, '역사의 극적(劇的)인 파악'이 가장 근간이 되는 것이다.[19] 그렇다면 〈겐로쿠 츄신구라〉는 사실 전달에 있어서도 철저히 고증되어 연출되었는지가 중요할 터이다.

그러나 〈겐로쿠 츄신구라〉에는 이전의 츄신구라 작품에서 중시되는 장면이 삭제되었고, 사실과 다른 내용이 들어간다. 47인의 사무라이들이 주군의 복수를 함에 앞서, 그들에게 동정을 표하는 천황의 의중을 사신이 전달하는 장면이 삽입되었다. 이 장면에서 오오이시는 당시 천황이 있던 교토 쪽을 바라보고 머리를 숙인다. 이 부분은 역사적 사실에 근거치 않은, 원작자인 마야마 세이카의 창작임에도 불구하고, 감독 미조구치는 영화에 그대로 차용하였다. 마야마의 희곡은 이 장면의 삽입으로 인하여 "시국에 영합하였다"고 평가를 받았고, 영화 또한 마찬가지의 비판을 피할 수 없었다. 오오이시의 존경의 태도를 극대화하기 위하여, 미조구치는 카메라를 다타미보다 낮게 하기 위해 마루를 잘라 카메라를 밀어 넣었다고 한다.[20]

이와 같이 추가된 장면과 더불어, 종래의 츄신구라 작품에서 중시되었던 장면들이 생략되었다. 보통 츄신구라 작품의 클라이맥스인, 47인의 사무라이가 복수를 위해 기라의 저택으로 쳐들어가는 장면(討入り, 우치이리)이 〈겐로쿠 츄신구라〉에는 완전히 생략되었다. 이 또한 마야마 세이카

---

18) 曾我正史, 1942 座談會 「時代劇再建は我々の手で!」『映畫之友』 8월호, 35쪽

19) 飯島正, 1942 「歷史映畫について」『映畫評論』 6월호, 22~24쪽

20) 宮澤誠一, 2001 『近代日本と「忠臣藏」幻想』, 靑木書店, 185쪽

의 희곡의 영향이기도 하지만, 그밖에도 무거운 분위기의 츄신구라 이야기에 활력을 주는 오오이시의 유곽에서의 유희장면도 전혀 그려지지 않는다. 게다가 아사노 다쿠미노카미를 취조하는 오카도 텐파치로(多門傳八郎)가 아사노보다 더욱 비중있게 다루어진다. 다른 츄신구라 영화에서는 거의 이름조차 등장하지 않는 오카도라는 배역을, 1937년 일본과 독일의 방공협정(防共協定) 체결을 기념하여 제작된 일독합작영화〈새로운 땅(新しき土)〉에서 남자 주인공이었던 고스기 이사무(小杉勇)가 맡았고, 그는 아사노만을 할복하게 명한 막부의 '잘못된' 처분에 고개를 들고 항의한다.

이와 같은 사실 왜곡은 제작에 참여한 이들의, 시대의 모습을 정확히 재현하려는 일련의 태도와 모순된다. 이는 그들이 의도한 역사의 재현이 사실 그대로가 아니라 그들이 '상상하는' 역사의 재현이었음을 말해준다.〈겐로쿠 츄신구라〉의 각본가인 하라 겐이치로(原健一郎)는 막부의 처분에 항의하는 오카도 텐파치로에 대한 해석은 실제 사실의 왜곡임을 인정한다. 오카도의 등장은 "아코번사(赤穗藩士)들의 복수의 당연성을, 관객에게 긍정케하는 심리적 복선"의 역할을 하고, 막부의 처분이 결국 막부자체의 존속을 위험하게 하는 원인이 됨을 우려한 "무사적 충의심"과, "권세자의 타락에 대한 분노"를 그리기 위함이었다고 하라는 밝힌다. 하지만 이러한 오카도의 돌출은 사료의 왜곡은 물론이고, 역사영화가 배척하는 '마게를 붙인 현대극'에 나오는 현실비판적인 주인공에 가깝다. 결국 하라는 오카도라는 인물을 강조하여 넣은 것에 대해서 "현대인을 역사 속에 기계적으로 끼워 넣은" "잘못"을 범하였다고 인정하며, "이는 우리들의 서양적 교양이 이미 우리의 육체의 일부가 되어버렸다는 증거"라고, 이러한 비평을 아무도 하고 있지 않은 점이 더욱 문제임을 적나라하게 밝히고 있다.[21] 자신의 사실왜곡 행위를 당시에 솔직히 터놓고 있는 점이 놀랍기도 하지만, 이는 실제 자신이 행한 보다 근본적인 왜곡을 숨기기 위한

위장일 수도 있다. 츄신구라라는 작품이 본래 가지고 있는 매력, 즉 주군
에 대한 충성이기도 하면서도 주군을 할복하게 만든 막부의 판단에 대해
서는 불충이 되는 츄신구라의 대립적인 충성에 대한 해석을 서민들이 즐
겨왔던 것이다. 이를 막부위에 군림하는 천황의 존재를 등장시킴으로써,
막부의 권위를 국가와 동일시하지 못하게 하고 복수장면도 삭제함으로
써 47인의 행위를 천황과 연결되는 주군에 대한 충성 이야기로 바꾸어버
린, 즉 시국에 맞는 왜곡을 감추기 위함이었을지 모른다.

6. '국민영화'로서의 〈겐로쿠 츄신구라〉

　마지막으로 묻지 않으면 안 되는 것은, 당시의 물자부족 상황에 불구
하고, 전쟁영화 또는 프로퍼갠더 영화가 아니라, 오히려 제작비가 많이
드는 이러한 시대극영화가 어째서 더욱 대규모로 만들어졌는가이다. 이
는 왜 이 시기에 역사의 재현이 중시되었는가라고 바꿔 물어볼 수 있다.
감독인 미조구치가 〈겐로쿠 츄신구라〉의 제작의의를 "국가의 모습과 국
가의 마음"을 그려내는데 있다고 밝힌 것처럼,[22] 영화를 통한 역사의 재
현이라는 행위가 단순히 영화제작 수준에 머물지 않았음을 알려준다. 이
는 당시 일본에 기원전 660년으로 상상된 최초의 천황의 즉위를 축하하
는 '기원 이천육백년(紀元 二千六百年)' 행사가 1940년을 전후로 전국을 휩쓸
고 있었고, '국사(國史) 열풍'이라 일컬어질 정도로 국사책이 다량으로 간
행되었으며, 백화점의 행사나 관광과 같은 대중의 소비도 역사의 재현과

---

21)　原健一郎, 1942 「歷史映畵管見」『映畵評論』 6월호, 28쪽
22)　溝口健二, 1942 「國民としての映畵作家」『映畵』 1월호, 31쪽

떼려야 뗄 수 없는 시기였음을 염두에 두지 않으면 안 된다.[23] 이러한 배경에서 만들어진 〈겐로쿠 츄신구라〉는 문부대신상을 비롯하여 정보국 위촉 국민영화상을 수상하게 된다. 그 수상 이유를 보면 "종래 볼 수 없었던 고증의 정확함과 확고한 역사적 해석으로 새로운 역사영화를 수립하기 위해 치러진 절대적인 노력은 높이 평가되어야한다"고 기술되어 있다.[24] 즉 수많은 인력과 자본이 들어간 〈겐로쿠 츄신구라〉는 관객동원에서 그만큼의 성과를 거두지 못하였지만 그럼에도 불구하고 역사를 '정확히' 재현했다는 점만으로도 시대의 요구를 충족시키는 '국민영화'였던 것이다.

---

23) ケネス·ルオフ 著, 木村剛久 譯, 2010 『紀元二千六百年―消費と觀光のナショナリズム』, 朝日新聞出版
24) 「國民映畵座談會」 『日本映畵』 1942년 5월호, 38~40쪽

이성재

충북대 역사교육과

1. 서론

프랑스에서 역사적 기념물에 대한 복원 논의가 가장 활발하게 진행된 것은 1830년 7월 혁명 이후이다. 혁명 이후 왕위에 오른 오를레앙 공작 루이 필립은 종교적 요소들을 존중하였으며, 성당들을 보존하기보다는 국가의 위상을 정립하고 국민들에게 역사적 자부심을 불러일으키려고 했다. 이것은 새로 시작한 왕정에 정통성을 부여하기 위한 의도에서 진행된 것으로 이 시기에 많은 성당들이 보수 또는 복원되었다.[1]

당시 내무장관이었던 프랑수아-피에르 기욤 기조(François-Pierre Guillaume

---

[1] 보존(conservation)은 건축물의 원형(original form)과 가치(value)를 존중하여 후대에 전달하기 위한 모든 제반 활용들을 포함하는 용어이다. 보수(repair)와 복원(restoration)을 보존을 위한 여러 가지 방법들 중 하나로 분류하여 보수는 실질적으로 건축물을 수리하는 행위로, 복원은 손실된 건축물의 부분이나 전체를 원형대로 되살리는 작업으로 볼 수도 있다. 그러나 일관된 용어로 통합하는 데는 무리가 있다(이수정, 2006 「성당보존을 통해 본 비올레 르 뒥의 보존이론에 대한 연구」 『강좌미술사』 26호, 496쪽).

Guizot, 1787~1874)는 프랑스의 건축 문화유산을 보호하고 국가의 정통성과 역사적 위상을 정립하기 위해 '프랑스 역사기념물 관리위원회 기관장'(Inspecteur général des monuments historiques de la France)이라는 공직을 1830년 10월에 만든다. 그는 첫 임명자로 뤼도빅 비테(Ludovic Vitet)를 지명하였다. 비테는 프랑스 각 지역의 건축 문화재를 조사했고 이를 루이 필립에게 보고하였다. 비테의 뒤를 이어 1834년에 역사기념물 관리위원회 기관장이 된 프로스페르 메리메(Prosper Mérimée)는 1853년까지 이 직책을 맡아 프랑스의 주요 건축물에 대한 보수 또는 복원 여부를 결정했다. 특히 그는 예산을 배정하는 주요 결정권자로서, 이후 수많은 건축물을 보존하는 데에 결정적인 역할을 하게 된다.[2]

〈도판 1〉 비올레-르-뒥

〈도판 2〉 프로스페르 메리메

이러한 당시의 상황에서 메리메의 후원을 받아 실제적인 복원 작업을 주도했던 인물이 바로 외젠-엠마뉘엘 비올레-르-뒥(Eugène-Emmanuel Viollet-le-Duc, 1814~79)이다. 그는 프랑스의 예술과 역사에 대한 자부심과 그가 프

---

2) 이수정, 위의 논문, 499쪽

랑스 고유의 산물이라고 주장했던 고딕 건축의 정신적 가치를 복원 작업에 접목시킨다.[3] 하지만 그는 실제 작업 과정에서 "원형을 파괴하고 새로운 형태로 사적을 변형시킨다"는 비판을 고고학자와 역사학자로부터 받는다. 이러한 시각의 차이는 현재까지도 여전히 복원 문제에서 가장 핵심적인 고민사항이다. 과연 복원을 어느 정도까지 해야 하는가 그리고 한 건물에 다양한 시대의 흔적이 공존한다면 복원은 어느 시대에 초점을 맞추어야 하는가? 쉽게 그 해답을 찾을 수는 없겠지만 19세기 중엽의 프랑스 사회에서 나타난 복원을 둘러싼 갈등은 바로 이런 점에서 우리에게 시사하는 바가 클 것이다.

이에 본고에서는 우선 19세기 중엽 프랑스 사회 속에서 복원이 가진 사회적 함의를 살펴볼 것이며, 3장과 4장에서는 실제 비올레−르−뒥의 복원 작업을 마들렌느 성당과 카르카손의 요새의 사례를 통해 조사할 것이다. 그리고 5장에서는 비올레−르−뒥의 복원 이론을 검토함으로써 그 가치와 한계를 이해하고자 한다.

2. 복원의 사회적 함의

1) 복원의 필요성

프랑스 건축의 가장 영광스러운 시기는 중세, 특히 13세기의 종교 건축을 들 수 있지만 18세기에는 오히려 이 건축물들이 야만적 봉건제와

---

[3] 강상훈, 2007 「19세기 프랑스 건축의 독창성에 관한 연구」 『대한건축학회논문집 계획계』 23권 7호, 183쪽

전제정 시대의 산물로 무시되었다. 1789년의 혁명 이후 중세의 종교적 건축물이 약탈당한 것은 바로 이러한 시대적 분위기를 반영하는 것이었다. 왕정 복구하에서 영광스러운 프랑스의 과거 예술에 대한 강조는 1789년 혁명 이전의 상황으로 모든 것을 되돌리려는 움직임으로 나타났다. 프랑수아 기조는 "구 프랑스에 새로운 세대의 기억과 지혜를 도입하고 우리들 가운데에 고대 프랑스 사회에 대한 정의와 공감의 감정을 복원할 필요가 있다"[4]고 말하면서 복원의 정당성을 강하게 주장했다.

그는 역사기념물을 위한 위원회를 설치하라고 왕에게 권고했고, 위원회는 1837년에 항구적인 위치를 부여받았다. 실제로 위원회는 1830년부터 존재했으며, 이미 중세 건물에 대한 복원 작업을 위해 지방 당국에게 조사를 명한 후 이를 분류, 정리하고 있었다. 1833년에 기관장이 된 메리메는 기조의 생각을 그대로 수용했다. 메리메는 "프랑스의 건축물은 아마도 11세기부터 르네상스 시기까지 건설된 것이 매우 주목할 만하다. 어떤 나라도 이 정도의 풍부한 유산을 가지고 있지 않다. 그러나 어떤 나라도 프랑스처럼 이렇게 건축물들을 방치하지는 않았다"고 말하면서 복원 작업의 필요성을 역설하고 나섰다.[5]

2) 고딕 양식

당시에 중세 건축물, 특히 고딕 양식의 성당은 1831년 빅토르 위고

---

4) P. Léon, *La vie des monuments Français, destruction, restauration*, Paris, 1952, p. 114 ; Jukka Jokilehto, *A History of Architectural Conservation: The Contribution of English, French, German and Italian Thought towards an International Approach to the Conservation of Cultural Property*, D. Phil Thesis, The University of York, England, Institute of Advanced Architectural Studies, 1986 september, p. 211

5) *Ibid.*, p. 211.

(Victor Hugo)[6]의 『파리의 노트르담』이라는 작품에서 낭만적 영광으로 나타나 대중들의 열광적인 관심을 받고 있었다. 이 책에서 위고는 시대가 근대 기념물을 건축하기에 원숙해질 때까지 고대 기념물을 보존해야 할 의무가 있다고 주장했다.

사적 복원에 대한 이러한 강조는 1840년대 이후 프랑스의 무수한 고딕 양식 성당의 복원 운동으로 나타났다. 이러한 내용은 특정 정기 간행물에 의해 계속해서 알려지기 시작했는데 그것은 고딕 기념물을 이전의 영광으로 복원하고 새로운 성당을 고딕 양식으로 건설하기 위한 전국적 차원의 시도였다. 당시에 두 종류의 가장 영향력 있는 건축 잡지는 이러한 관심을 잘 나타낸다.

우선, 1840년에 건축가 세자르 달리(César Daly)가 창간한 『건축과 공공사업 평론(Revue Générale de l'Architecture et des Travaux Publics)』은 예술로서의 건축이라는 시각에서 공학적 혁신과 이것의 건축에의 적용을 다루고 있었다. 평론의 첫 호 서문에서 달리는 근대 건축이 무질서해지고 있으므로 과학과 예술이 서로의 필요에 의해 이러한 상태를 개선시키기 위해 함께 노력해야 한다고 주장했다. "우리는 역사, 미학, 건축, 예술을 건물과 관련지어 상상할 수 있다. 그러나 우리는 역사 혹은 예술만을 위하거나 추상적인 수학 이론을 위해 과학을 공부하지는 않을 것이다. 모든 주제들은 건축 예술을 향상시키기 위해 연구될 것이고, 그것은 확실히 민족의 가장 중요한 활동이다"라는 그의 말은 이를 잘 보여준다. 특히 그가 민족적 정체성의 확립에 자신들의 작업이 크게 기여할 것이라고 확신하고 있었다는 점은 눈여겨보아야 할 부분이다.

---

6) 빅토르 위고는 예술품 및 역사적 기념물위원(Comité des Arts et Monuments) 중 한 사람으로서 낭만주의적 입장에서 건축물의 파괴에 반대하고 보존을 옹호하는 의견들을 제시하였다.

또 다른 정기 간행물로는 디드롱(A. N. Didron)이 1844년에 만든 『고고학 연보(Annales Archéologiques)』가 있다. 이 잡지는 고고학과 골동품 연구에 관심을 두고 있었다. 스테인드글라스 디자이너였던 디드롱에게 고고학은 중세의 종교 예술사에 한정되어 있었다. 그는 고딕 양식의 부활을 고고학 운동의 최종 목표로 바라보았다. 디드롱의 『연보』는 다른 프랑스의 어떤 정기 간행물보다도 고딕 양식을 충실하게 다루었으며 이 운동의 가장 적극적인 대변자였다.

이 두 간행물은 보자르 왕립 협회에 대한 비판을 공개적으로 천명하고 있었다. 당시 보자르 왕립 협회는 예술에 있어 고전적인 이상에 엄격하게 매달리면서 중세의 기념물들을 무시하고 있었다. 1836년에 이 협회의

〈도판 3〉 비올레-르-뒤의 이상적 고딕 양식

구성원인 캬트르메르 드 켕시(A. C. Quatremère de Quincy)는 고딕을 무질서, 남용, 데카당스하다고 말하면서 이 양식을 높이 평가하는 사람들을 비판했다. 이후 그의 생각은 라울-로셰트(Raoul-Rochette)로 이어졌는데 그 역시 전임자였던 켕시와 마찬가지로 고전주의자였다.[7]

이러한 보자르 왕립 협회에 대한 반대에 장-바티스트-앙투안-라쉬 (Jean Baptiste-Antoine Lassus)와 비올레-르-뒥은 선봉에 서 있었다. 라쉬는 노트르담과 생 샤펠 대성당의 보수 작업을 비올레-르-뒥과 함께 한 프랑스의 대표적인 건축가였다. 그는 고고학적 연구 결과를 바탕으로 신고딕 양식의 성당들을 건축했는데, 대표적으로는 낭트의 생 니콜라(Saint Nicolas de Nantes) 성당과 파리 벨빌(Belleville) 지구의 생 장-밥티스트(Saint Jean-Baptiste de Belleville) 성당을 들 수 있다.

비올레-르-뒥은 라쉬가 행한 벨빌의 생 장-밥티스트 성당에 대해 다음과 같이 평가했다.

> 라쉬는 벨빌에서 해박한 고증학적 지식과 놀라운 심미안을 보여주었다. 그는 13세기의 건축 양식에 대한 연구를 바탕으로 새로운 양식을 창조했다.

이 두 건축가는 고딕 양식이 프랑스에서 시작되었고 따라서 프랑스의 기후에 가장 잘 맞는 것이라는 점을 강조하면서 현재 건축에 대한 하나의 답을 이 건축 양식이 제시하고 있다고 생각했다. 고딕 양식이 기독교

---

7) 이러한 엄격한 고전주의자들과 달리 비올레-르-뒥은 고전의 화석화된 비례개념보다는 상대적인 비례체계를 주장한다. 이 체계는 기하학에 기인한 수치(dimension)의 개념과 연계되어 두 가지의 역할로 나뉜다. 전체 덩어리를 통제해 들어오는 것과 가장 작은 단위인 오너먼트로부터 통제해나가는 것이다. 이를 통해 건축은 전체적인 통일성을 가짐과 동시에 경험자의 입장에서 좀 더 친밀한 건축적 크기를 가질 수 있다(강태웅, 2006 「이성주의의 기억말소와 비올레 르 뒥의 근대건축이론」 『건축역사연구』 15권 4호, 29쪽).

〈도판 4〉 낭트의 생 니콜라 성당

〈도판 5〉 벨빌의 생 장-밥티스트 성당

를 가장 완벽히 표현한다는 종교적 주장이 있었지만 그들은 이를 쉽게 인정하지 않았다. 그들은 종교보다는 국가와 민족의 차원에서 고딕 양식의 가치를 찾았다. 고딕 중에서도 라쉬는 가장 위대한 시기인 13세기의 고딕 양식을 그 기준으로 삼았다. 그는 "서로 다른 시기로부터 가져온 고딕의 요소들을 모두 합쳐서는 안된다. 그것은 양식의 통일성이라는 소중한 원칙으로부터 이탈하는 것이다"[8]라고 말했다.

비올레-르-뒥이 고딕 양식에 몰두하기 시작한 것은 공무원으로 일하기 시작한 1838년부터일 것으로 추정된다. 이 시기에 그는 중세 건축에 관심이 컸던 건축가들과 교류했다. 특히 1840년 파리 생 샤펠 성당의 복원을 통해 만난 라쉬로부터의 영향은 매우 컸다. 또한 비올레-르-뒥

---

8) Odile Boucher-Rivalain, "Attitudes to Gothic in French architectural writings of the 1840s", *Architectural History*, vol. 41, 1998, p. 149

의 복원에 대해 강한 비판을 나타내기도 했던 빅토르 위고에게서도 그는 많은 영향을 받은 것으로 보인다. 위고는 중세의 로마네스크 건축 양식에서 13세기의 고딕 건축으로 발전하는 과정을 중세의 성당이 모든 것을 통치하는 봉건주의에서 보다 민주적인 국가로 발전하는 과정으로 이해하고 있었다. 비올레-르-뒥은 동일한 입장에서 봉건주의 시대의 양식이라 할 수 있는 로마네스크 양식보다는 이를 극복하는 고딕 양식을 보다 발전적이고 프랑스적인 것으로 바라보고 있었다.

3. 베즐레의 생 마들렌느 성당

1) 성당의 상태

파리의 남동쪽에 위치한 작은 중세 도시인 베즐레(Vézelay)의 언덕 위에는 생 마들렌느(Saint Madeleine) 성당이 있다. 이 성당은 샤를마뉴 시대인 875년에 건설되었지만 이후 많은 침략을 받았고 화재로 소실되었다. 이후 작은 수도원이 이곳에 들어섰다. 현재의 성당은 1096년에, 신자들이 예배를 드리는 공간인 중앙 회중석(nave)은 1120~40년에 건설되었다. 11세기에 막달라 마리아의 주검이 이 성당 밑에 묻혀있다는 말이 돌면서 베즐레는 순례객들의 성지가 되었다. 본당 입구의 현관홀(narthex)과 성가대는 이후에 만들어졌다. 그러나 13세기에 막달라 마리아의 진짜 유물이 프로방스에서 발견되었다는 소문이 돌면서 베즐레는 쇠퇴하기 시작했다. 위그노 전쟁 시기에 성당은 다시 파괴되었으며 17세기에 보수가 이루어졌다.9) 하지만 성당은 만성 재정 부족 상태에 처해 있었다. 성가대석 공

---

9) Jukka Jokilehto, *op. cit.*, p. 212

간의 많은 가구들과 성가대석을 둘러싸는 목조 패널들은 1793년에 개인에게 팔려나갔다. 성당 건물에 대한 관리가 소홀해져 많은 부분이 손상되었지만 19세기 초반까지도 제대로 수리되지 못했고 붕괴되지 않을 정도의 최소한의 수리만이 이루어진 상태였다.[10]

메리메가 1834년에 베즐레에 도착했을 때 그는 이러한 상황을 다음과 같이 썼다.

> 모든 건물은 안쓰러운 상태에 있었다. 비가 내리면 물이 흘러내렸고 팔처럼 두꺼운 나무들이 돌 사이에서 자랐다. 내부에 앉았을 때 나는 둥근 천장에서 작은 돌이 떨어지는 소리를 들을 수 있었다. 문제는 매일 이러한 일이 늘어나고 있다는 것이다. 만약 성당 보수 작업이 지연된다면 사고를 피하기 위해 성당 모두를 허물어야 할 지도 모른다.[11]

메리메는 1830년 시작된 루이 필립 왕정의 역사적인 정통성과 국가의 새로운 이념을 세우기 위한 도구로서의 종교적 건축물에 깊은 관심을 가지고 있었다. 그는 역사적인 건축물을 조사하는 업무를 총괄하면서 1834년과 1838년 두 차례에 걸쳐 마들렌느 성당을 방문하였다. 이후 메리메는 성당의 복원을 위해 8만 프랑의 국가 예산을 배정하였으며 1840년에는 중앙 정부의 의도를 가장 충실하게 이행할 인물로 젊은 비올레-르-뒥을 총괄 책임자로 추천하였다.[12] 복원 건축가로서의 첫발을 내디딘 비올레-르-뒥은 1840년에 보수를 시작하여 1856년에 작업을 마쳤다.

비올레-르-뒥이 성당 조사를 했을 때 우선 현관홀은 세부적으로 들

---

10) 이수정, 앞의 논문, 500~501쪽

11) Jukka Jokilehto, *op. cit.*, p. 213

12) H. Huth, "The evolution of preservationism in Europe", *The Journal of the American Society of Architectural Historians*, vol. 1, no. 3/4, 1941, p. 11

여다보면 매우 부식된 상태였지만 유일하게 건물의 붕괴를 야기하지 않는 구조물이었다. 아치들은 손상되지 않았고 벽들도 튼튼한 상태였다. 그러나 궁륭(穹窿)들은 습기로 인해 갈라져 있었고 군데군데 구멍이 나 있었으며 벽토도 벗겨져 있는 상태였다. 갤러리의 경우 원래 두 개의 대형 홀이 있었는데 이 홀들은 파괴되었고 목조 구조물로 대체된 상태였다. 또한 갤러리의 작은 아치들, 그리고 건물 서부 앞면의 두 개의 측면 문들과 현관홀의 낮은 쪽 창문들은 모두 벽으로 둘러싸여 있었다. 서쪽의 대형 창문들은 유리가 깨져 서풍이 불면 비가 현관홀의 안까지 들이쳤다.[13]

로마네스크 양식의 중앙 회중석은 심각하게 훼손된 상태였다. 비올레-르-뒥은 중앙 회중석은 원래 허술하게 지어진 것이고 이후에 추가적으로 지어진 부벽(扶壁)도 충분히 지지를 못하고 있다고 판단했다. 북쪽 벽은 27cm, 남쪽 벽은 25cm 바깥쪽으로 기울어져 있었으며, 쇄석(rubble stone)으로 지어진 궁륭들은 서로가 교차하는 상태로 있었다. 그리고 각 궁륭은 10~12cm 정도로 수직의 균열이 있었다. 중앙 회중석 마지막 세 개의 베이(bay) 상층부는 13세기의 기호에 따라 고딕 양식으로 지어져 있었다. 이 새로운 궁륭들은 이전의 것들보다 훨씬 더 높게 지어졌으며 그로 인해 로마네스크 양식의 아치들이 지지력을 잃고 변형되었다. 중앙 회중석, 익부(翼部), 성가대석의 지붕 구조물들은 빗물 침투로 인해 썩었기 때문에 대대적인 보수를 필요로 했다. 측랑(側廊)의 지붕은 원래보다 더욱 높게 재건축되어 중앙 회중석의 창문을 막고 있었다. 또한 측랑의 처마 돌림띠는 거의 파괴되어 빗물이 벽을 타고 건물과 건물 사이의 구석으로 흘러들고 있었다. 익부는 상대적으로 양호한 상태였지만 빗물이 과

---

[13] Jukka Jokilehto, *op. cit.*, pp. 214~215

도하게 침투하여 궁륭들이 훼손된 상태였다. 성가대석의 경우 외부는 건물의 다른 부분과 마찬가지로 좋지 않은 상태였지만 내부는 상당히 잘 보존되어 있었다. 비올레-르-뒥은 서쪽 정면이 "그다지 멋이 없게 지어졌다"고 평가했다. 남쪽 탑은 벼락을 맞아 파괴된 후 1821년에 보수되었으며 보수가 매우 잘 된 것은 아니지만 창문 유리를 끼워야 하는 것을 제외한다면 아주 시급하게 처리해야 할 것은 없다고 판단했다.[14]

조사를 마친 비올레-르-뒥은 구조적인 보강을 위한 보수 과정에서 양식적인 통일을 위한 복원도 함께 해 나갔다. 그는 마들렌느 성당의 원형이 로마네스크 양식과 로마네스크에서 고딕 양식으로 전환하는 양식이 공존한다고 보고 두 양식이 공존하는 형태로 복원하고자 하였다. 그 이유는 그가 로마네스크 양식을 봉건주의의 산물로서, 그리고 고딕 양식은 봉건주의에 저항하는 양식으로 보고 있었기 때문이었다. 이 둘의 양식이 공존하는 마들렌느 성당은 봉건주의에 대항하는 대표적인 상징물이었던 것이다.[15]

2) 복원 작업

복원 프로젝트에 대한 최종적 허가는 1840년 5월 30일에 내려졌다. 중앙 천장의 반구형 틀과 부벽 설치 공사는 7월에 시작되었다. 복원 작업은 성당 중앙의 회중석과 이를 횡단하는 아치, 아치형 부벽, 성당 양쪽 복도의 지붕 구조에 집중되었다. 석공들이 부벽과 담을 헐고 재건축을 시작한 것은 11월이 되어서였다. 작업이 계획보다 지체된 것은 중앙 정부의 개입에 반발해서 지방 정부가 비올레-르-뒥에 협조하기를 거부했기 때

14) Jukka Jokilehto, *op. cit.*, pp. 214~215
15) 이수정, 앞의 논문, 502~504쪽

문이었다. 결국 이 작업은 겨울이 시작되는 바람에 중단되고 말았다. 1841년 7월에 가서야 11개의 회중석 부벽들이 철거되었고 회랑의 처마돌림띠의 높이로 재건축되었다. 또한 2개의 회중석 궁륭과 회중석의 낮은 부분과 높은 부문을 나누었던 박공(博栱)도 철거되었다. 1841년 말까지 13개의 부벽들과 12개의 아치형 부벽, 3개의 회중석 궁륭, 그와 연결된 아치가 재건축되었다.[16]

작업이 진행되면서 요구사항들이 늘어나기 시작했다. 1842년 1월에는 위원회의 한 성원인 르노르망(Lenormant)이 베즐레를 방문했다. 그는 어떤 '복원'보다도 보강 작업이 우선되어야 한다고 강조했다. 그는 또한 성당의 주된 장점은 거대한 회중석의 아름다움에 있으므로 외부 장식은 과거보다 더욱 세련되게 재건축할 필요가 없다고 주장했다. 이러한 그의 주장은 비올레-르-뒥의 생각과는 차이가 있는 것이었다. 1842년 2월에 비올레-르-뒥은 5개의 성가대석 부속 예배당의 복원, 모든 지붕의 보수, 서쪽 탑의 꼭대기 부분 공사, 조각들과 장식들의 보수, 이전에 흰색 석회 도료로 칠해졌던 내부의 청소 등 모든 공사를 마치기 위해서 30만 프랑이 필요할 것이라고 추산했다.

같은 해에 메리메는 장관에게 보내는 보고서에서 복원 작업 중 구조적으로 섬세한 단계는 성공적으로 완수되었고 이것은 비올레-르-뒥의 기술 덕분이라고 보고했다. 그는 다음과 같이 결론을 맺었다.

> 의심할 바 없이, 향후에도 중요한 복원 작업이 지속되어야 하고 대규모의 비용이 지출되어야 할 것이다. 그러나 이 성당의 상태를 알고 있는 사람들은 현재까지 거둔 성과가 매우 대단하다는 것을 알고 있다. 완전한 복원은 이제 시간과 자금에 달려 있다.[17]

---

[16] Jukka Jokilehto, *op. cit.*, pp. 215~216

　　여기서 잠시 메리메의 복원에 대한 관점에 주목할 필요가 있다. 메리메는 1842년에 "복원은 단순히 건축물이 붕괴되는 것을 막는 정도의 작업으로 제한되어서는 안되며, 손상된 부분은 반드시 그 작품이 발견된 상태로 후대에 전승될 수 있게 다시 만들어져야 한다"고 주장했다. 이것은 그가 복원에 있어서 비올레−르−뒥이 가졌던 사고를 적극적으로 뒷받침하고 있음을 보여준다. 물론 그 역시 없어진 부분을 다시 복원하는 일이 지닌 위험성을 이해하고 있었다. 그럼에도 불구하고 새로운 것을 창조하는 형태의 복원을 구상했던 비올레−르−뒥의 작업에 대해 강한 제지나 반대 없이 지원한 것을 볼 때, 이는 단순히 비올레−르−뒥의 생각이기보다는 복원을 주도하던 정부가 전반적으로 의도했던 것으로 보인다.

　　이후 1844년 6월에는 중앙 회중석과 성가대석의 보강 작업이 완료되었다. 그러나 해결해야 할 중요한 문제가 남아있었다. 그것은 회중석 동쪽 끝에 있는 고딕 풍 궁륭의 보강과 복원 문제였다. 비올레−르−뒥은 이것들이 이전의 로마네스크 궁륭의 붕괴 후에 다시 재건된 것이라고 보고했다. 그런데 재건축은 그때까지 남아있던 11세기의 기둥과 벽을 이용해서 '특별한 고려나 예술적 가미' 없이 급하게 이루어졌다. 네 번째 궁륭은 성가대석 옆의 익부 기둥들 사이에 있었는데 구조적으로 안정적이었지만 다른 궁륭들은 재건축이 필요한 상태였다. 문제는 이러한 작업에 어떠한 접근 방법이 취해져야 하는지에 있었다.[18]

　　비올레−르−뒥은 이 궁륭들이 회중석의 나머지 부분과 같이 이전의 로마네스크 양식에 따라 복원되어야 한다고 보았다.

---

17) *Ibid.*, p. 218
18) *Ibid.*, p. 217

　　반구형 횡단 아치들을 지탱하는 기둥머리들이 잘 보존되어 있고 기둥머리부터 아치로의 연결 부분이 여전히 뚜렷하다. 대부분의 경우 로마네스크 창과 창의 아치형 상부도 잘 보존되어 있다. 만일 이 궁륭들이 향후에도 잘 버틸 수 있다면 현재 상태에서 크게 수정하는 작업은 하고 싶지 않다. 그러므로 1. 견고함, 2. 건물의 전체적인 상항, 3. 경제성을 고려하여 궁륭들을 이전의 로마네스크 양식에 따라 재건축하는 것이 바람직하다. 그 경우 11세기의 아름다운 회중석은 완벽해질 것이다.[19]

　　궁륭들을 낮은 로마네스크 부분과 높은 고딕 부분으로 나누는 대신 이렇게 함으로써 회중석의 모든 궁륭들은 동일한 수준에 있도록 조정될 것이고 각각은 구조적으로 더욱 견고한 지지를 받게 될 것이었다. 당시에는 이 두 부분을 그대로 이어놓은 것이 문제를 야기하고 있었다. 한편 네 번째 궁륭은 고딕 형태를 그대로 유지할 수 있었다. 왜냐하면 그것은 보존 상태가 매우 좋으며 "아름다운 성가대석 궁륭과 성당의 익부"를 연결해 주고 있었기 때문이다.

　　메리메는 위원회에 복원 작업의 주요 목적이 보강에 있지만 위원회도 "재정상태가 허락하는 한 완벽한 복원에" 착수할 의향이 있다고 표현했음을 상기시켰다. 이제 가장 중요한 구조적 작업이 끝났으므로 이것을 결정할 순간이 되었다. 이미 원래 예상했던 것보다 더욱 많은 작업들이 실행되었다. 단순히 보수하거나 부분적인 재건축을 하는 것이 아니라 많은 경우 완벽한 재건축이 필요하다는 공감대가 있었다. 예를 들어 성당 익부의 박공, 종 모양의 탑, 북쪽 익부의 탑과 북서쪽 탑의 꼭대기 부분이 그러했고 내부의 경우 현관홀의 궁륭들이 완전히 재건축되었다. 성가대석을 둘러싼 복도들은 원래의 형태대로 복원되었고 회중석과 성가

---

[19] *Ibid.*, p. 217

대석의 지붕 구조도 단순한 보수가 아니라 목재를 사용하여 완전히 재건축되었다. 조각의 복원과 관련한 다양한 작업들도 이미 시작된 상태였다.[20]

　1850년 11월에 메리메는 여전히 풀로 뒤덮인 서쪽 정면, 대혁명 기간 중에 부서진 중앙 문, 조각 장식, 회중석의 기둥머리, 본당 입구 앞 넓은 홀의 스테인드글라스 창들의 복원과 관련된 새로운 예상치를 위원회에 제출했다. 이와 별도로 성가대석의 제단을 복원하는 문제에 대한 새로운 안이 다시 추가적으로 제시되었다. 이에 따르면 현재의 후기 르네상스식 제단은 새롭게 복원된 성가대석을 가리고 있는데 이 제단은 단순한 흙덩어리들이 쌓여진 것에 불과하고 너무 무거워서 성당의 지하 납골실의 궁륭을 파괴하고 있다는 것이었다. 회중석과 익부의 기둥들을 덮고 있는 벽판들을 제거하고 부속 예배당에 제단을 설치할 것도 제안되었다.[21]

　성당의 서쪽 전면은 13세기에 한 번 보수된 바 있었다. 5개의 큰 창과 몇 개의 실물 크기 인물상들로 이루어진 거대한 박공 구조가 기획되었지만 완수되지는 못했다. 구조적 이유 때문에 비올레-르-뒥은 현재 상태에 일정한 변화를 주어서 이것을 더욱 대칭적 형태로 변화시켰다. 그는 전면의 상부를 지지하기 위해 세 개의 부벽들을 덧붙였다. 이 중 두 개는 중앙 창의 양쪽에 만들어졌다. 이 과정에서 13세기에 건설되었던 것 중 몇 개가 사라졌고 북쪽의 네 잎 장식 중에서는 단지 하나만 남겨졌다. 그는 남쪽 측면의 모델을 따라 박공의 양쪽 측면에 대칭적으로 둥근 아치형 창들을 만들었다. 그가 이렇게 한 것은 원래 두 개의 대칭적인 탑이 있었을 것이라 믿었기 때문이었다.

　전면의 조각 장식 복원도 매우 중요한 작업이었다. 중앙 입구 위 박공

---

20) *Ibid.*, pp. 218~219
21) *Ibid.*, p. 219

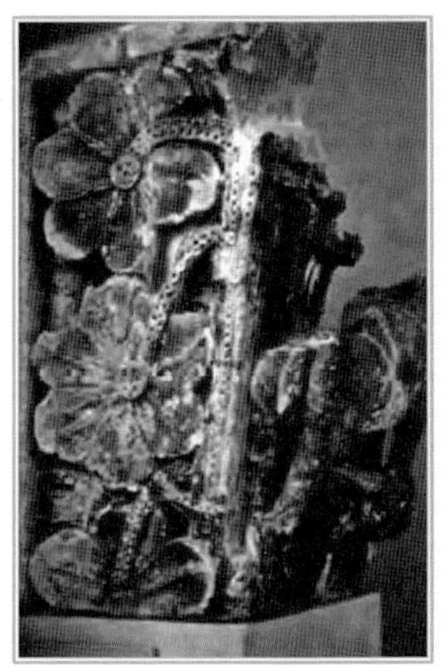

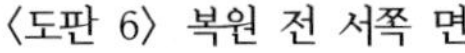

〈도판 6〉 복원 전 서쪽 면   〈도판 7〉 복원 후 서쪽 면

의 삼각면 부조들은 12세기에 기원을 둔 것으로 보이며 4명의 성경 복음서 저자들에 둘러싸인 영광의 예수를 표현하고 있었다. 그러나 이 상들은 1793년에 파괴되었다. 1856~57년에 비올레−르−뒥은 박공의 삼각면을 위해 새로운 부조를 디자인했고 그 주제를 최후의 심판으로 바꾸었다. 박공의 상단부 인물상 중 몇몇은 복제 작품으로 교체되었다. 그러나 중앙에 앉아있는 머리 없는 예수상은 그대로 유지되었다. 박공 위의 부서진 십자가와 출입구의 몇몇 기둥머리 조각들은 복제품으로 교체되었다.

본당 입구 앞 넓은 홀은 한 번 화재가 났었기 때문에 그 상부가 파손되었고 조각된 기둥머리들도 심하게 손상되었다. 성당 북쪽에 있는 앞으로 튀어 나온 별석(別席)은 나무 구조물로 잠겨 있었는데 다시 개방되었고 남쪽에 있는 별석과 동일한 형태로 재건축되었다. 회중석은 복원 상태가 좋아서 장식 조각들이 크게 보수되지 않았으며 대신 본당 입구 앞 넓은 홀의 장식 조각들이 건물 중 가장 크게 보수되었다. 70개의 기둥머리들은 그대로 유지되었다. 46개의 '바구니'형 기둥머리 중 40개가 보존되었고 6개가 새 것으로 교체되었다.[22]

조각품들의 복원과 보수에서 비올레-르-뒥은 체계적인 기록 방식을 따랐다. 그는 원래의 예술적 원칙을 더 잘 이해하기 위해 교체하기로 한 조각품들까지도 스케치했다. 파손된 기둥머리들은 조심스럽게 측정되고 스케치되었으며 작업이 시작되기 전에 석고로 본을 뜨기도 했다. 왜냐하면 조각품들이 부서지기 쉬운 상태였기 때문에 제거되는 동안 더 손상될 위험이 있었기 때문이다. 새로운 조각품의 제작을 실행하기 전에 조각가는 비올레-르-뒥의 허가를 받기 위해 조각 모델을 제출해야 했다. 손상된 기둥머리를 교체한 것은 주로 구조적인 이유 때문이었다.

성당 건물은 대혁명 기간 동안 거의 완전히 파괴되었다. 단지 참사회 회의장 옆 동쪽 부분에 몇 개의 잔해가 남아 있었을 뿐이었다. 참사회 회의장이 복원되기로 결정되었고 그것과 관련해서 수도원 안뜰을 둘러싼 회랑의 동쪽 부분도 복원하기로 했다. 첫 번째 생각은 참사회 회의장을 고딕 풍으로 재건축하는 것이었다. 그러나 1850년에 발굴현장에서 로마네스크 기둥머리를 발견했기 때문에 비올레-르-뒥은 로마네스크 양식을 채택하기로 결정했다.

마들렌 성당의 복원은 역사기념물 위원회의 위대한 업적 중 하나로 여겨지고 있다. 실제로 복원 작업은 많은 사람들이 처음에 생각한 것보다 더욱 좋게 진행되었다. 그러나 위원회와 의견이 맞지 않는 사람들도 있었다. 하원 의원이었던 프랑수아 가르니에(François Garnier)는 부패, 무계획적 작업 진행, 낮은 기술 수준, 공공 자금의 낭비 등을 이유로 장관에게

---

[22] *Ibid.*, pp. 219~220

복원 책임자들을 고발하는 편지를 쓰기도 했다.

이러한 고발에 대해 메리메는 아무런 문제가 없다고 답변했다. 그는 부정부패가 없었음을 증명하였고 오히려 그 지역의 건축 자재를 구하는 데 혜택을 받았다고 말했다. 또한 그는 지방 정부와의 협조가 다소 부족했지만 보존이나 재건축 결정이 위원회의 완전한 통제하에 이루어졌으며 책임 건축가는 일을 매우 뛰어나게 처리했다고 답변했다. 1847년에 이 보고서를 읽고 장관은 욘(Yonne)의 지사에게 다음과 같은 편지를 쓸 수 있었다.

그의 보고서 결론에 따르면, 제기된 비판은 어느 것도 진실이 아니었다. 매우 뛰어난 작업을 했으므로 재건축 책임을 맡은 건축가는 오히려 정부의 치하를 받아야 한다. 그가 한 작업은 예술적 관점에서뿐 아니라 안정성의 관점에서도 매우 뛰어나다.[23]

〈도판 8〉 생 마들렌느 성당 서쪽 정면 (보수 전)

〈도판 9〉 생 마들렌느 성당 서쪽 정면 (보수 후)

4. 카르카손 요새

1) 복원 작업

카르카손(Carcassonne)은 로마 제국의 식민시가 있던 곳으로 오드(Aude) 강을 사이에 두고 왼쪽에는 13세기에 건설한 바둑판 모양의 상가가 있고, 오른쪽에는 서고트족이 5세기에 세운 시가지인 시테가 중세의 성벽에 둘러싸여 있는 곳이다. 12세기에 전성기를 맞이했으며 이 시기에 생 나제르(Saint Nazaire) 대성당과 콩탈(Comtal) 성이 건설되었다. 하지만 1659년 프랑스와 에스파냐 사이의 전쟁이 끝나고 피레네 조약이 맺어지자 요새로서의 지위를 상실하면서 쇠락하기 시작했다.[24]

비올레-르-뒥은 카르카손을 방문한 후 1849년 1월 15일에 최초의 보고서를 제출했다. 메리메는 그의 보고서를 높이 평가했다. 보고서에 나타난 카르카손 요새의 복원에 대한 비올레-르-뒥의 핵심 주장은 다음과 같다.

- 요새는 중세 시대 전체의 축성술을 이해하게 해 주는 교과서적인 기념 물로서의 가치를 지닌다. 확대해 말하자면 요새를 통해 국가적 차원의 축성 기술이 어떻게 그 시대에 형성되었는지를 알 수 있다. 성벽과 그 역사는 프랑스라는 국가 전체의 역사에 대한 제유적 기념물이다.
- 전쟁이 발생했을 때 군인들이 요새의 각 부분들을 어떻게 작동시켰는지를 건축가는 이해해야만 한다. 이를 바탕으로 해서 건축가는 복원을 할

---

23) *Ibid.*, p. 220

24) Francesc Xavier Costa Guix, "Viollet-le-Duc's Restoration of the Cité of Carcassonne: A Nineteenth-Century Architectural Monument", Thesis of the Pennsylvania University, 1988, p. 12

수 있다.
- 건축가는 복원 대상과 유사한 건축물 그리고 원래 장소에 남겨진 잔해
  물에 대한 분석을 통해 건축물 전체를 유기적으로 파악해야만 한다.
- 빈민 주거지역의 벽 청소와 같은 다소 주변적인 작업은 그 자체로 도시
  의 재생과 공중 보건을 위한 것이다.[25]

비올레-르-뒥의 보고서는 여전히 그가 과학적, 역사적인 방법을 통한 복원에 심혈을 기울였다는 사실을 보여준다. 1855년에 요새에 대한 복원 작업은 내벽의 서쪽 면에서 시작되었다. 비올레-르-뒥은 이 부분이 카르카손의 저지역에서 볼 때 요새의 가장 가시적인 부분이락 판단했던 것 같다. 그는 성의 남쪽 경계인 팽트(Pinte) 탑에서 미파드르(Mipadre) 탑으로 보수 방향을 잡았다. 이러한 방향이 체계적인 것은 아니었다. 비올레-르-뒥은 종종 예산 부족으로 인해 매번 재정 지원이 가능한 틀 내에서 작업을 진행시켜 나가야만 했다. 1850년대 말에는 요새의 정문인 나르본(Narbonnaise) 문에 집중하면서 벽들의 이면으로 옮겨갔다. 1860년대에는 남쪽 전면에 집중했으며 10년 후에는 북동쪽인 서고트 면을 복원하였다.[26]

그러나 이러한 이동식 복원 작업으로는 그가 애초에 구상했던 복원이 가능하지 않다는 것을 그는 1850년대 말에 깨달았다. 따라서 그는 가장 가시적인 부분을 먼저 작업하기로 결정했다. 그가 내부의 벽에 집중한 것은 바로 이런 이유 때문이었다. 말년에 비올레-르-뒥은 서고트 면에 집중했고 이 부분에서의 양식적 통일이 중요하다는 것을 보이려고 노력했다. 이를 위해 그는 이동식 작업을 통해 여러 부분에서 그의 모범적인

---

25) *Ibid.*, p. 35
26) 가장 집중적인 작업이 이루어진 시키는 1857~61년, 1864~68년 그리고 1872~79년
   이었다. 두 번의 단절이 복원 작업 중에 있었다. 첫 번째는 역시 자금 부족 때문이
   었고 두 번째는 1871~72년의 프랑스-프러시아 전쟁 때문이었다.

복원 방식을 남기려고 노력했다.[27]

2) 복원을 둘러싼 논쟁

카르카손의 복원 작업에 대한 프랑스에서의 첫 반응은 전적으로 우호적인 것은 아니었지만 그렇다고 매우 부정적인 것도 아니었다. 에콜 데 보자르의 이폴리트 텐느(Hyppolite Taine)는 1860년대 중엽에 카르카손을 방문한 후 "불행하게도 성곽이 보수되었구나"라고 탄식했다. 그는 또한 "누구의 손도 닿지 않은 채 태양빛에 바란 과거의 흔적이, 시간의 흐름에 의해 흠집 나고 부식된 과거의 흔적이, 이끼에 뒤덮여 바람과 비에 의해 구멍이 뚫린 과거의 흔적이" 사라졌다고 아쉬워했지만 직접적인 비판을 하지는 않았다.[28]

1868년의 고고학 총회에서 카투아(Cattois)는 비올레−르−뒥을 강력하게 비판했으나 흥미롭게도 프랑스 고고학 운동의 아버지인 중세학자 아르시스 드 코몽(Arcisse de Caumont)은 비올레−르−뒥을 옹호하고 나섰다. 이미 7년 전에 코몽은 카르카손에서의 복원 작업이 매우 체계적이라며 우호적으로 평가한 바 있었다. 그는 비올레−르−뒥이 "정성들여 성벽을 그렸으며", "뛰어난 구상을 발표했다"고 덧붙였다. 생 나제르 대성당에 대해서도 코몽은 "비올레−르−뒥이 복원하고 서쪽 부분에 추가한 것이 만족스럽다"고 지지를 보냈다.[29]

1840년대에 디드롱의 『고고학 연보』에 정기적으로 기고를 했던 기에

---

[27] Francesc Xavier Costa Guix, *op. cit.*, pp. 36~37

[28] Hyppolite Taine, *Carnet de voyage: notes sur la province, 1863~1865*, Paris, 1897, p. 291 ; Francesc Xavier Costa Guix, *op. cit.*, p. 40

[29] Francesc Xavier Costa Guix, *op. cit.*, p. 40

르미(Guilhermy) 남작은 복원 작업이 진행되던 초기에 카르카손을 방문했다. 그는 다소 비판적이어서 "복원 작업이 과도한 규모로 몇 년 전부터 진행되고 있다. 서쪽 부분부터 복원 작업이 시작되었는데 비올레-르-뒥은 우선 오드(Aude) 문을 원래대로 복원한 것에 대해 만족하고 있는 듯하다. 그러나 그가 아무리 뛰어나다 해도 그의 동료들보다 오류가 적다고 할 수는 없을 것이다"라고 말했다.

20세기에 들어와서도 비올레-르-뒥의 카르카손 작업에 대해서는 찬반이 양립했다. 1920년대에 장 아스트뤽(Jean Astruc)은 비올레-르-뒥을 옹호하는 논문을 발표했다. 그의 논문은 비올레-르-뒥과 그의 복원에 대하 긍정적인 재평가를 시도했다. 장 아스트뤽이 했던 유일한 비판은 양식의 통일성을 위해서는 복원이 더욱 일관적이어야 한다는 것이었다. 만일 13세기가 고딕 양식의 대표적 시기로서 선택되었다면 그것은 모든 복원에 적용되어야 했으며, 따라서 서고트 양식의 탑들과 북쪽 앞면의 총안이 있는 흉벽에서도 그 양식이 적용되었어야 한다는 것이었다.

조셉 푸(Joseph Poux)의 카르카손에 대한 광범위한 연구는 주로 묘사적인 것에 치우쳤고 복원에 대한 명확한 평가를 시도하지 않았다. 그의 태도는 애매모호했다. 그는 비올레-르-뒥의 작업에 대해 비판적이었지만 다른 한편으로는 요새가 완전히 붕괴되는 것을 막았다는 점과 탑들의 지붕 보수가 탁월했음을 높이 평가했다.

요새의 복원에 대한 가장 비판적인 태도를 보인 사람은 프랑수아 뇌프샤토(François Neufchâteau)였는데 그는 비올레-르-뒥의 작업을 반달리즘이라고 비난했다.

복원을 핑계로 유적을 완전히 변질시키고 흉하게 만든 자들은 사람들의 신뢰를 악용했다는 비난을 받아야 한다. 이 유적에 대해 행한 일들은 추악하다.

(중략) 카르카손 시에는 경탄할 만한 유적이 있었지만 보수가 행해진 후에는 비올레-르-뒥의 건축 양식 밖에 남은 것이 없다.[30]

남 프랑스를 무대로 하는 낭만적인 이야기들을 썼던 몇몇 유명한 소설가들조차 카르카손의 유적이 훼손되었다고 생각했다. 대표적으로 마르셀르 티내르(Marcelle Tinayre)를 들 수 있다. 1900년대 초에 티내르는 다음과 같이 썼다.

나는 건축가와 석공들을 두려워한다. 그들은 유적지에 나타나서 새로운 것을 덧입히고 변형시킨다. 그들이 카르카손에서 행한 것을 보라. 건조한 랑그독 지방에서는 성, 도시, 마을의 지붕들이 모두 황색 기와들을 이고 있었는데 이 건축가들은 카르카손의 지붕들에 고딕풍의 석반암을 씌웠다.[31]

탑의 지붕 보수에 대한 티내르의 언급은 물론 그녀 자신이 발견한 것은 아니다. 그것은 매우 오랫동안 격렬한 논쟁거리가 되어 왔고 아직도 진행중이다. 비올레-르-뒥은 1849년 1월 6일의 보고서에서 나르본 문의 잔해에서 채색 기와를 발견했음을 언급했다. 이로 인해 그는 문과 탑에 대한 최초의 복원 안에서 채색 기와를 사용할 것을 계획했다. 그러나 최종안에서 그는 모든 탑들의 지붕을 고딕식으로 덮기로 결정했다. 그는 이에 대해 1853년 보고서에서 그 이유를 다음과 같이 설명했다.

예전에 모든 탑들은 뾰족한 구조물과 느와르(Montagne Noire) 산에서 온 석반암으로 덮여 있었다. 탑 지붕들의 경사도에 관해서는 트레조(Trésau) 탑의

---

30) Jean Astruc, "La restauration de la Cité", *Mémoires de la Société des arts et sciences de Carcassonne*, séries 2, 5, 1914-19, pp. 3~4 ; Francesc Xavier Costa Guix, *op. cit.*, p. 42

31) Jean Astruc, *op. cit.*, p. 3 ; Francesc Xavier Costa Guix, *op. cit.*, p. 42

〈도판 10〉 남동쪽에서 바라본 복원 전의 요새 (1851년)

지붕을 통해 알 수 있으며, 과거 탑의 흔적들은 많이 남아 있다. 탑의 잔해들에서 석반암을 대량으로 발견할 수 있었다.[32]

지붕에 관한 논쟁은 데스마레스(Desmarest)와 부페(Bouffet)가 1899년에 시테의 지붕들에 관한 첫 번째 보고서를 제출했을 때 시작되었다. 10년 후에 카르카손의 예술 과학 협회는 비올레-르-뒥이 도자기 기와 위에 검은 색 석판암을 올린 것에 대해 비판했다. 아스트뤽은 논쟁에 개입하면서 비올레-르-뒥이 석판암으로 덮인 지붕을 선택했던 것을 옹호하기 위해 두 가지를 주장했다. 그에 따르면 최근 발견된 1462년의 스케치에 따르면 탑들은 뾰족한 지붕을 가지고 있었다는 것이었다. 기와는 지붕의 급격한 경사도에 적합하지 않으므로 석판암이 적당한 덮개였다는 것이다. 둘째로, 카르카손에서 20킬로 떨어진 북쪽 지역의 경우 석판암이 지붕으로 사용되고 있었다는 것이다.[33]

1954년에 데레즈 블로크(Thérèse Bloch)가 이 주제에 대한 새로운 주장을

---

[32] Viollet-le-Duc, *Rapport adressé à S.E.M. le Ministre d'Etat sur les restes de l'ancienne cité de Carcassonne...* mars 1853, Paris, J. Claye, 1853, p. 59

[33] Francesc Xavier Costa Guix, *op. cit.*, p. 43

내놓았다. 그녀는 「카르카손의 지붕」이라는 자신의 논문에서 16세기 하반기에 지붕은 콩크(Conques)에서 가져온 기와로 덮여있었다고 말했다. 따라서 건축 방식은 평평한 기와를 조합하여 경사가 급한 지붕을 만드는 방식이었거나 빗물을 내려 보내는 홈이 있는 기와를 석회와 모래 반죽으로 이은 완만한 경사의 지붕 가운데 하나였을 것이라는 주장이다.[34]

그러나 이러한 비판에도 불구하고 1973년에 이브 브뤼앙(Yves Bruand)은 비올레-르-뒥의 작업에 대해 전반적으로 긍정적인 판단을 내렸다. 그는 다음과 같이 말했다.

〈도판 11〉 현재의 모습

비올레-르-뒥의 작업이 완전무결하지는 않다 해도 그의 작업은 찬사를 받을 가치가 있고 카르카손은 그의 가장 훌륭한 작품 중 하나로 볼 수 있다.[35]

---

34) Thérèse Bloch, "Les couvertures de la Cité de Carcassonne avant les restaurations du XIXe siècle", *Monuments historiques de la France*, 4, 1959, pp. 184~190

35) Yves Bruand, "La Cité de Carcassonne. Les enceintes fortifiées", *CAF*, 131, 1973, p. 513. Francesc Xavier Costa Guix, *op. cit.*, p. 44

비올레-르-뒥에 대한 가장 흔한 비판인 복원에 충실했는가의 문제는 카르카손의 작업에서도 여전히 계속해서 제기되고 있음을 볼 수 있다. 다음 장에서는 이런 논쟁을 불러온 그의 복원 이론이 과연 무엇이었는지를 살펴보도록 하자.

5. 비올레-르-뒥의 복원 이론

비올레-르-뒥은 "복원은 한 건물의 경우에 시대의 약탈이나 민중의 뷰노보다도 더 파괴적일 수 있다. 왜냐하면 시간과 혁명은 파괴를 행하지만 아무것도 첨가하지 않는다. 반대로 복원은 새로운 형태를 첨가하면서 많은 유적을 사라지게 한다"[36]고 말했다. 이 말은 그가 복원 과정에서 제기되는 문제점을 충분히 인식하고 있었음을 보여준다. 그는 복원이 과학적인 방식으로 이루어져야 하며, 복원은 단순한 개인의 창조물이 아니라고 항상 강조했다. 그러나 실제로 그의 복원 작업에 대한 비판은 바로 이 점에서 발생했다. 그가 "예술적 간섭은 단지 어떤 흔적도 남아있지 않은 부분을 대체할 때뿐이다"라고 누차 말했지만 당대인들은 그의 이런 태도를 인정하지 않았다. 복원 작업에 있어서 그의 우선적 목표는 원형으로 복구하는 것이었으나 복구된 건축물들을 살펴보면 새로운 디자인 요소가 첨가된 것을 볼 수 있다. 이런 점에서 고고학자들과 복구주의자들은 상상적인 재건축이나 복원물에 새롭게 첨가된 구조물들을 심하게 비난하였다. 그 이유는 그의 복구물들이 위대한 건물들의 원래 형태를 파

---

[36] Lassus et Viollet-le-Duc, *Projet de restauration de Notre-Dame de Paris: Rapport adressé à M. le Ministre de la Justice et des cultes, annexé au projet de restauration, remis le 31 janvier 1843*, Paris, 1843, p. 3

괴하거나 모호하게 만들기 때문이었다. 이와 같은 복구 이론은 건축물을 원형으로 되돌리는 일반적인 복원 개념과 다르다는 점에서 비난의 소지를 낳았다. 1845년의 한 보고서에서 몽탈랑베르(Montalembert)는 다음과 같이 말했다.

> 위원회는 모든 과거의 성당을 새롭게 장식하고, 모든 건물의 외관을 수선하고, 모든 조각상에 머리를 다시 붙이고 모든 벽감에 조각상을 다시 설치하는 것에 명백하게 반대한다.

이에 대해 비올레-르-뒥은 "나는 원래의 건축물에 추가적으로 덧붙여진 모든 것들을 제거해서 건축물을 최초의 형태로 돌려야 한다고 생각하지 않는다. 오히려 덧붙여진 각 부분은 그것이 어떤 시대에 덧붙여진 것이든 원칙적으로 보존되고 강화되고 적당한 양식에 따라 복원되어야 한다고 생각한다. 그리고 이것들이 종교적 신중함을 가지고 진행되어야 하고 모든 개인적 의견은 완전히 배제되어야 한다"고 말했다.[37] 그러나 이에 대해서도 비판자들은 '적당한 양식'이 과연 무엇인가라고 의심을 표했다.

그러나 비올레-르-뒥은 자신의 생각을 포기하지 않고 복원 작업을 지속적으로 전개했다. 그는 다양한 건축 양식과 구축 방법을 포함하고 있는 건축물은 미학과 구조의 두 가지 관점에서 고려되어야 한다고 생각했다. 또한 복구해야 될 건물을 정지되어 있는 상태가 아닌 유기체처럼 진화하는 것, 즉 복구대상을 진화의 전체성으로 파악해야 한다고 주장했다. 이에 "베즐레의 성당을 약탈하고 조각을 파괴한 위그노들, 대성당의 정면 현관에 있던 삼각면 조각을 파괴한 혁명가들, 이 모든 파괴자들은

---

[37] *Ibid.*, p. 4

비올레-르-뒥의 열정적 복원보다는 죄가 적다"[38]는 비난이 이어졌다. 복원 작업이 완료된 후에도 보수적인 비평가들은 복원의 아름다움에 대해서는 칭찬을 하면서도 비올레-르-뒥의 개인적 미학관이 건축에 반영된 것에 대해서는 아쉬움을 나타냈다. 1895년 6월 4일에 귀스타브 라루메(Gustave Larroumet)는 『시대(le Temps)』에서 그의 "복원은 항상 현명했으며, 종종 행복감을 주기도 하지만 여전히 한탄스럽다"고 말했다.

비올레-르-뒥은 무너진 건축을 보강하는 것뿐만 아니라 그것을 우리가 오늘날 생각하는 것보다 더욱 완전하게 복원하기를 원했다. 이것은 또한 건물의 구조에도 적용되는데 왜냐하면 그는 당시의 건축이 하나의 완벽한 예술로서 합리적인 자신의 절차를 가진 것임을 보여주는데 있다고 판단했기 때문이었다.

그는 자신의 작업을 통해 건물의 역사적인 의미가 잘 드러난다고 생각했다. 건축물을 당초의 설계자가 의도하지 않았던 상태로 만든다는 것이 이상적인 상태인가는 재고해 볼 여지가 있다. 하지만 역사는 '복제의 대상이기보다는 원리를 제공하는 틀'로서 인식해야 한다는 그의 주장 역시 거부하기는 쉽지 않다. 즉 과거의 형태를 무조건 복원하는 것이 아니라 그것이 가진 논리적 기초와 시대적 특성을 재조명함으로써 과거를 현재에 새롭게 재현시키는 작업이야말로 미래의 건축이 해야 할 일이라는 것이다. 이와 같은 주장은 건축 복원을 자연과 투쟁하는 변증법적 행위의 과정으로 바라보던 그의 신념에서 나온 것이었다.

---

[38] André Hallays, En flânant: Bourgogne, Paris, 1924, article on Vézelay, of 1895; Louis Réau, "Viollet-le-Duc et le problème de la restauration des monuments", *Les Cahiers Techniques de l'art*, III, 1956, p. 29

6. 결론

비올레-르-뒥은 복원의 개념을 19세기 전반에 등장한 근대적인 개념으로 인식하고 있었다. 그에게 있어 19세기는 계몽주의 사상과 급속히 발달한 과학 지식의 축적 그리고 프랑스의 정치적 혁명과 변화 등으로 인해 과거의 전통과 사고 체계가 급격히 변한 시대였다. 이 시기에 그는 복원은 현재성을 가질 수밖에 없으며, 그렇기 때문에 당시의 역사적 해석이 복원에 가미될 수밖에 없다고 생각했다. 그 역시 원형을 있는 그대로 살릴 수 있다면 좋은 일이라고 생각했을 것이 틀림없다. 하지만 그것이 가능하지 않은 경우에는 과학적 방법을 동원해 새로운 시대 인식을 건물에 반영하는 것이 오히려 진정한 복원이라고 그는 판단했다.

이와 관련지어 그는 해당 건축물의 실용성을 또한 강조했다. 한 역사적 건축물에는 여러 시대의 모습이 공존하고 있다. 실제로 건물이 처음 완성되었을 당시의 모습으로 원형을 그대로 유지하고 있는 경우는 매우 드물다고 할 수 있다. 후대의 건축가가 건축물을 복원하는 경우 손상된 부분을 교체하는 것은 불가피하고 그 과정에서 형식적이든 양식적이든 당대의 기호가 반영된다. 그리고 이로 인해 구조적인 변형을 수반하는 경우가 발생하기 때문에 복원 과정에서 그 원형을 하나도 변형시키지 않는 것은 가능하지 않다. 그러므로 그가 '어느 순간에도 실제로 존재하지 않았던 형태'라고 한 의미는 바로 복원이라는 작업이 지니고 있는 한계와 고유의 성격을 규정한 것으로 보인다. 그의 말대로 복원은 어느 순간에도 존재하지 않았던 형태로 되돌리는 작업이기 때문에 건축가는 미적인 고려를 할 수밖에 없다. 그가 가장 완벽하게 합리적인 구조로 고딕 양식을 생각한 것은 바로 이러한 생각 때문이었다.

비올레-르-뒥의 복원은 옛 상태로의 회귀라는 엄밀한 의미에서의 복원과는 거리가 있었다. 그럼에도 그의 복원이 의미를 가지는 것은 오히려 당시의 시대상과 자신의 주관적 미학관을 건물에 반영함으로써 더욱 다양한 측면을 한 건물에서 볼 수 있게 했다는 것에 있다. 사람이 살지 않는 집은 옛 상태는 잘 보존하겠지만 그것은 자칫하면 집을 흉가로 만들 위험이 있다. 현재의 관점에서 변형되고 변형될 수 있다는 가능성을 인정한 복원만이 어찌 보면 진정한 과거 건축물과의 소통을 가능하게 할 것이다. 그런 점에서 비올레-르-뒥의 복원 이론은 현재의 우리에게 시사하는 바가 크다고 할 것이다.

저 자 소 개

▌김종일 ▌

1990년 서울대학교 인문대학 국사학과를 졸업하고 1993년 서울대학교 대학원에서 문학석사를 취득하였다. 이후 영국 케임브리지 대학에서 고고학 석사학위와 박사학위를 취득한 후 2004년부터 2006년까지 한국과학기술원 인문사회학부 조교수를 역임하였다. 2006년에 서울대학교 인문대학 고고미술사학과 조교수로 부임하여 현재까지 유럽 신석기 및 청동기 시대, 한국청동기 시대, 경관고고학, 고고학 이론 등에 대한 연구를 활발히 진행하고 있다. 저서인『Formation and change in Individual Identity from the Late Neolithic to the Early Bronze Age in Bavaria, South Germany』(2005, Archaeopress: Oxford) 외에 유럽 및 한국 청동기 시대와 고고학 이론에 대한 논문을 다수 발표하였다.

▌김태웅 ▌

1984년 서울대학교 사범대학 역사교육과를 졸업하고 1997년 서울대학교 대학원에서 「개항전후~대한제국기의 지방재정개혁연구」로 박사학위를 받았다. 1998년부터 2001년까지 정부기록보존소에 근무하였고, 2001년부터 2004년까지 군산대학교에 재직하였다. 2004년 9월 이후 서울대학교 역사교육과 부교수로 재직하고 있다. 현재 역사교육연구회 편집이사와 한국사연구회 연구이사를 맡고 있다. 저서로『뿌리깊은 한국사 샘이 깊은 이야기 근대편』(2003), 『우리 학생들이 나아가누나』(2006), 『규장각 그 역사와 문화의 재발견』(공저, 2009), 『근대 동아시아인의 이산과 정착』(공저, 2010), 『한국통사 역해』(2012) 등 다수 논저가 있다. 조선후기와 근대 지방재정사 관련 논문을 써오는 가운데, 최근 한국 근대 지방사 및 국사자료 탐구 방법론에 관한 글을 발표하고 있다.

❚ 이인재 ❚

1982년 연세대학교 문과대학 사학과를 졸업하고 1995년 연세대학교 대학원에서 「신라 통일기 토지제도 연구」로 박사학위를 받았다. 1998년 이후 연세대학교 원주 캠퍼스 인문예술대학 역사문화학과 교수로 재직하고 있다. 2011년도에는 한국역사 연구회 회장과 영월연세포럼 공동조직위원장을 맡았다. 저서로『고려 조선전기 중인연구』(공저, 2001),『한국 전근대사의 주요 쟁점』(공저, 2002),『2011 매장문화재 법의 두 가지 현안과 대안』(공저, 2011) 등이 있다. 나말여초 사회경제사 관련 논문들을 써오는 가운데, 최근 역사교육 정상화 문제에 관한 주제의 글을 발표하고 있다.

❚ 서성호 ❚

1985년 서울대학교 인문대학 국사학과를 졸업하고 1997년 서울대학교 대학원에서 「고려전기 수공업 연구」로 박사학위를 받았다. 여러 대학의 시간강사를 거쳐 2000년부터는 국립박물관에서 큐레이터로 근무 중이다. 현재 국립중앙박물관 고고역사부 학예연구관으로 있다. 저서로『서울상업사』(공저, 태학사, 2000),『고려의 황도 개경』(공저, 창작과 비평사, 2002),『개경의 생활사』(공저, 휴머니스트, 2007) 등이 있으며,『고려시대를 가다』(국립중앙박물관, 2009) 등 여러 차례의 역사전시를 기획하고 도록을 집필하였다. 박물관 전시를 통한 역사 대중화에 대해 고민이 많은 편이며, 최근에는 고려 분묘 및 청자가마 등에 대한 고고학적 성과를 토대로 고려 수공업의 구조와 부곡제 지역의 경제 생활에 대한 글을 준비하고 있다.

▌강태웅▌

서울대학교 동양사학과를 졸업하고, 도쿄대학에서 학술박사(표상문화론 전공)학위를 받았다. 현재 광운대학교 일본학과 및 동북아문화산업학부 교수로 재직 중이다. 전공분야는 일본문화사, 일본영상문화론이다. 저서로는 『키워드로 읽는 동아시아』(공저, 이매진, 2011), 『일본과 동아시아』(공저, EAI, 2011), 『교차하는 텍스트, 동아시아』(공저, 창비, 2010), 『전후 일본의 보수와 표상』(공저, 서울대학교 출판문화원, 2010), 『제국의 지리학 만주라는 경계』(공저, 동국대학교 출판부, 2010), 『제국의 교차로에서 탈제국을 꿈꾸다』(공저, 창비, 2008) 등이 있고, 역서로는 『복안의 영상』(소화, 2012), 『일본영화의 래디컬한 의지』(소명출판, 2011) 등이 있다.

▌이성재▌

1971년 서울에서 태어나 서울대 역사교육과를 졸업했다. 같은 대학교 대학원 서양사학과에서 「근대적 빈민부조정책의 탄생 : 16세기 프랑스 도시의 부조 정책을 중심으로」라는 논문으로 석사학위를 받았고, 이후 중앙대 연극학과에서 「일본 여성가극 보총에 나타난 양성의 형상 연구」로 석사학위를 받았다. 2005년 4월에 프랑스 파리8대학에서 「무대에서의 양성의 형상」으로 연극학 박사학위를, 2006년 3월에 파리사회과학고등연구원에서 「16~17세기 프랑스 성직자들의 정신세계에 나타난 빈민의 형상과 구원의 추구」로 역사학 박사학위를 받았다. 현재 충북대 역사교육과 교수로 재직 중이며, 복지국가소사이어티 정책위원이다. 저서로 『아프리카의 가면』(연극발전연구소, 2005), 『68운동』(책세상, 2009), 『프랑스 구체제의 권력구조와 사회』(공저, 한성대학교 출판부, 2009)가 있으며, 역서로 『빈곤에 맞서다』(검둥소, 2009), 『악의 번영』(공역, 글항아리, 2010), 『빈곤의 역사』(길, 2011)가 있다.